Um Jeito de Ser

O GEN | Grupo Editorial Nacional – maior plataforma editorial brasileira no segme científico, técnico e profissional – publica conteúdos nas áreas de ciências humanas, exa jurídicas, da saúde e sociais aplicadas, além de prover serviços direcionados à educa continuada e à preparação para concursos.

As editoras que integram o GEN, das mais respeitadas no mercado editorial, construír catálogos inigualáveis, com obras decisivas para a formação acadêmica e o aperfeiçoame de várias gerações de profissionais e estudantes, tendo se tornado sinônimo de qualid e seriedade.

A missão do GEN e dos núcleos de conteúdo que o compõem é prover a melhor infor ção científica e distribuí-la de maneira flexível e conveniente, a preços justos, gerar benefícios e servindo a autores, docentes, livreiros, funcionários, colaboradores e acionis

Nosso comportamento ético incondicional e nossa responsabilidade social e ambie são reforçados pela natureza educacional de nossa atividade e dão sustentabilidade crescimento contínuo e à rentabilidade do grupo.

Carl R. Rogers

Um Jeito de Ser

Tradução
Maria Cristina Machado Kupfer
Heloísa Lebrão
Yone Souza Patto

Revisão da tradução
Maria Helena Souza Patto

■ O autor deste livro e a editora empenharam seus melhores esforços para assegurar que as informações e os procedimentos apresentados no texto estejam em acordo com os padrões aceitos à época da publicação, *e todos os dados foram atualizados pelo autor até a data de fechamento do livro.* Entretanto, tendo em conta a evolução das ciências, as atualizações legislativas, as mudanças regulamentares governamentais e o constante fluxo de novas informações sobre os temas que constam do livro, recomendamos enfaticamente que os leitores consultem sempre outras fontes fidedignas, de modo a se certificarem de que as informações contidas no texto estão corretas e de que não houve alterações nas recomendações ou na legislação regulamentadora.

■ O autor e a editora se empenharam para citar adequadamente e dar o devido crédito a todos os detentores de direitos autorais de qualquer material utilizado neste livro, dispondo-se a possíveis acertos posteriores caso, inadvertida e involuntariamente, a identificação de algum deles tenha sido omitida.

■ **Atendimento ao cliente: (11) 5080-0751 | faleconosco@grupogen.com.br**

■ Tradução de:
A WAY OF BEING
First published by Houghton Mifflin Company, Boston, Massachusetts, USA
© 1980 by Houghton Mifflin Company. All rights reserved.

■ Direitos exclusivos para a língua portuguesa
Copyright © 1983, 2021, 2025 (16ª impressão) by **LTC | Livros Técnicos e Científicos Editora Ltda.**
Publicado pelo selo **E. P. U.**
Uma editora integrante do GEN | Grupo Editorial Nacional
Travessa do Ouvidor, 11
Rio de Janeiro – RJ – 20040-040
www.grupogen.com.br

Reservados todos os direitos. É proibida a duplicação ou reprodução deste volume, no todo ou em parte, em quaisquer formas ou por quaisquer meios (eletrônico, mecânico, gravação, fotocópia, distribuição pela Internet ou outros), sem permissão, por escrito, da E.P.U. | Editora Pedagógica e Universitária.

■ Capa: Luis Díaz

■ Ficha catalográfica

Rogers, Carl Ransom, 1902-1987

R 631 n Um jeito de ser / Carl R. Rogers
[tradução Maria Cristina Machado Kupfer, Heloísa Lebrão, Yone Souza Patto ; revisão da tradução Maria Helena Souza Patto. - [16ª Reimp.]. - São Paulo : E.P.U., 2025.

Bibliografia
ISBN 978-85-126-0250-9

1. Psicologia humanista I. Título.

83-0108   CDD-150.192

Sumário

Nota do Editor	VII
Introdução	IX
Parte I – Experiências e perspectivas pessoais	1
1. Experiências em comunicação	3
2. Crescer envelhecendo ou envelhecer crescendo?	17
Parte II – Aspectos de uma abordagem centrada na pessoa	35
3. Os fundamentos de uma abordagem centrada na pessoa	37
4. A formação de comunidades centradas na pessoa: implicações para o futuro	52
5. Seis vinhetas	69
Parte III – O processo educacional e seu futuro	89
6. Para além do divisor de águas: onde agora?	91
7. O que aprendemos com os grandes grupos: implicações para o futuro	107
Parte IV – Olhando à frente: um cenário centrado na pessoa	121
8. O mundo do futuro e a pessoa do futuro	123
Apêndice – Bibliografia cronológica	135
Agradecimentos	149
Índice remissivo	151

Nota do Editor

A edição original desta obra contém 6 capítulos a mais que não foram incluídos na edição brasileira. A ausência se justifica porque estes capítulos constam da obra *A Pessoa como Centro*, de Carl Rogers e Rachel Rosenberg, editada pela E.P.U. e EDUSP em 1977. São os seguintes capítulos: "Minha filosofia das relações interpessoais e como ela se desenvolveu"; "Em retrospecto: Quarenta e seis anos"; "Precisamos de *uma* realidade? "; "Uma maneira negligenciada de ser: a maneira empática"; "Ellen West – e solidão"; "Alguns novos desafios"; "Pode a aprendizagem abranger idéias e sentimentos? "
Apresentamos a seguir uma explicação de alguns termos e conceitos específicos que aparecem com freqüência neste livro:

Facilitador – a pessoa, ou grupo de pessoas que, por sua forma de ser ou agir, favorece a outros a possibilidade de entrar em maior contato com suas próprias vivências ou de expressá-las. Por assim se caracterizar sua função, o termo é preferido aos de terapeuta, coordenador, monitor ou líder, mesmo quando se aplica a profissionais especializados.

Terapia centrada no cliente – é o método psicoterápico proposto por Rogers que se distingue por tomar como referência o mundo interno do cliente tal como este o percebe, sente e avalia, e não um modelo teórico, "externo".

Workshop — palavra internacionalmente adotada em inglês (embora traduzida às vezes como "oficina" ou "laboratório"), para designar experiências intensivas, de curta duração, com caráter prático e objetivos terapêuticos ou didáticos.

Introdução

Às vezes fico atônito com as mudanças que ocorreram em minha vida e em meu trabalho. Este livro abrange as mudanças ocorridas na década passada – mais ou menos nos anos setenta. Reúne vários artigos que escrevi nos últimos anos. Algumas dessas idéias foram publicadas em várias revistas, outras nunca o foram. Antes de começar a apresentá-las, gostaria de fazer uma retrospectiva de alguns marcos dessa mudança.

Em 1941 escrevi um livro sobre aconselhamento e psicoterapia, publicado no ano seguinte. Ele estava impregnado da consciência de que eu estava pensando e trabalhando com pessoas de um modo totalmente diferente do de outros conselheiros. O livro referia-se integralmente ao intercâmbio verbal entre uma pessoa que ajuda e uma pessoa em busca de ajuda; não continha qualquer indício de maiores implicações.

Uma década depois, em 1951, esse ponto de vista foi apresentado de modo mais completo e seguro em um volume sobre terapia centrada no cliente. Neste livro, reconheci que os princípios da terapia podiam ser aplicados a outros campos. Em capítulos escritos por outros autores, ou baseados, em grande parte, na experiência de outras pessoas, discutia-se a terapia de grupo, a liderança, a administração de grupos e o ensino centrado no aluno. O campo de aplicação se ampliava.

Mal posso acreditar na lentidão com que percebi as ramificações do trabalho que eu e meus colegas estávamos fazendo. Em 1961 escrevi um livro que intitulei *A Psicoterapia vista por um Terapeuta*, indicando que a ênfase de todos os artigos estava no trabalho individual, embora, na realidade, vários capítulos tratassem das áreas de aplicação em crescente expansão. Felizmente, o editor não gostou do título, e inspirando-se em um dos capítulos,

---

Tradução de Maria Cristina Machado Kupfer.

sugeriu que eu o intitulasse *Tornar-se Pessoa*. Aceitei a sugestão. Pensei que estivesse escrevendo para psicoterapeutas, mas para minha grande surpresa, descobri que estava escrevendo para *pessoas* — enfermeiras, donas-de-casa, pessoas do mundo dos negócios, padres, pastores, professores, jovens — todo tipo de pessoas. O livro, em inglês e em suas várias traduções, já foi lido por milhões de pessoas em todo o mundo. Seu impacto forçou-me a abandonar minha visão estreita, segundo a qual o que tinha a dizer interessava somente a terapeutas. A repercussão desse livro ampliou tanto minha vida como meu pensamento. Acredito que, desde então, está presente em minha obra a compreensão de que aquilo que vale numa relação entre terapeuta e cliente vale também para um casamento, uma família, uma escola, uma administração, uma relação entre culturas ou países.

Bem, agora eu gostaria de voltar a este livro e seu conteúdo. Reuni, de início, cinco artigos muito pessoais. Falam de minhas experiências interpessoais, meus sentimentos à medida que envelheço, as origens da minha filosofia, minhas perspectivas profissionais, uma concepção pessoal sobre a "realidade". Basicamente foram escritos não só por mim, mas para mim. Não sei se serão significativos para você e sua experiência pessoal.

Nesta primeira parte e no decorrer de todo o livro, os artigos podem, até certo ponto, estar marcados pelo uso que faço dos pronomes ele-ela e seu-sua. Graças à minha filha e a outros amigos feministas, tornei-me cada vez mais sensível à desigualdade lingüística entre os sexos. Creio que sempre *tratei* as mulheres como iguais, mas só mais recentemente adquiri uma consciência nítida da discriminação contida no uso de pronomes unicamente masculinos em afirmações de significado geral. Preferi deixar meus artigos como estavam, em vez de adaptar a linguagem aos meus padrões atuais, pois isto poderia parecer de certo modo desonesto. O que eu disse está dito. Alguns desses artigos estão também marcados por referências à nossa guerra do Vietnã, terrivelmente estúpida, impessoal e destruidora (na minha opinião), tão trágica para os americanos como para os vietnamitas.

A segunda parte refere-se a meus pensamentos e atividades profissionais. A mudança na terminologia utilizada atesta a ampliação do campo de aplicação: o velho conceito de "terapia centrada no cliente" foi transformado em "abordagem centrada na pessoa". Em outras palavras, não estou mais falando somente sobre psicoterapia, mas sobre um ponto de vista, uma filosofia, um modo de ver a vida, um modo de ser, que se aplica a qualquer situação onde o crescimento — de uma pessoa, de um grupo, de uma comunidade — faça parte dos objetivos. Dois desses artigos foram escritos no ano passado, enquanto outros o foram há mais tempo. Mas tomados em conjunto, apresentam as linhas fundamentais do meu pensamento atual. Pessoalmente, sinto-me orgulhoso do capítulo que contém seis vinhetas — instantâneos de experiências com as quais aprendi muito.

A terceira parte trata da Educação, uma área de aplicação na qual me sinto capaz. Apresento alguns desafios às instituições educacionais e alguns pensamentos sobre o que talvez tenhamos que enfrentar no futuro. Temo que meus pontos de vista sejam muito pouco ortodoxos e que não encontrem muita repercussão num clima educacional temporariamente conservador, numa época de orçamentos reduzidos e de visões estreitas. São reflexões sobre a educação num futuro ainda distante.

Na parte final, apresento meus pontos de vista sobre as transformações radicais enfrentadas por nossa cultura, decorrentes das conquistas pouco conhecidas do pensamento científico e dos recentes progressos em muitos outros campos. Faço especulações em torno da maneira como se dará a mudança da face do mundo e apresento também minha concepção sobre o tipo de pessoa que poderá viver nesse mundo transformado.

Vários capítulos foram publicados anteriormente sob diferentes formas. O capítulo 4, "Crescer envelhecendo: ou envelhecer crescendo?", o capítulo 9, "Criando Comunidades Centradas na Pessoa: Implicações para o Futuro", e o capítulo 15, "O Mundo do Futuro e a Pessoa do Futuro", estão sendo publicados aqui pela primeira vez.

O fio condutor de todo o livro é o fato de que cada capítulo expressa, de uma maneira ou de outra, um modo de ser pelo qual luto — um modo de ser que pessoas em vários países, em várias ocupações e profissões, acham atraente e enriquecedor. Se ele o será para você, só você poderá dizer. Em todo caso, eu lhe dou as boas-vindas ao iniciar sua viagem através deste "caminho".

Parte I

Experiências e perspectivas pessoais

1

Experiências em Comunicação*

No outono de 1964, fui convidado a proferir uma conferência num curso oferecido pelo Instituto de Tecnologia da Califórnia, em Pasadena, uma das mais importantes instituições científicas de todo o mundo. A maioria dos conferencistas vinha das Ciências Físicas. O público que se interessou pelas conferências era sabidamente um grupo de alto nível de instrução e de sofisticação. Os conferencistas foram solicitados a fazer, se possível, demonstrações de seus temas, não importando se na área da Astronomia, Microbiologia ou Física Teórica. Fui convidado a falar sobre Comunicação. À medida que colhia material e reunia idéias para a palestra, ia ficando muito insatisfeito com o que fazia. A idéia de uma demonstração ficou rodando em minha cabeça, mas logo foi descartada.

O discurso que se segue mostra como resolvi o problema de tentar *comunicar*, ao invés de apenas falar *sobre* comunicação.

Tenho alguns conhecimentos sobre comunicação e poderia reunir mais. Quando aceitei fazer esta conferência, pretendia reunir esses conhecimentos e organizá-los sob a forma de uma aula. Quanto mais pensava nesse projeto, mais insatisfeito ficava. O conhecimento *sobre* um assunto não é, hoje em dia, o mais importante nas Ciências do Comportamento. Há uma nítida tendência em direção a um conhecimento mais vivido, a um conhecimento mais visceral, mais próprio ao ser humano. Neste nível de conhecimento, estamos num terreno onde não falamos simplesmente de aprendizagens cognitivas e intelectuais, que sempre podem ser comunicadas em termos verbais.

Tradução de Maria Cristina Machado Kupfer.

* Adaptado, com permissão, de *Being in a Relationship*, editado por Charles E. Merrill Publishing Co.

Ao contrário, estamos nos referindo a algo mais "vivencial", algo que abrange a pessoa inteira, tanto as reações viscerais e os sentimentos como os pensamentos e as palavras. Conseqüentemente, decidi que preferiria ao invés de falar *sobre* comunicação, *comunicar-me* com vocês ao nível dos sentimentos. Isto não é fácil. Acho que via de regra isto é possível em pequenos grupos onde nos sintamos verdadeiramente aceitos. Fiquei assustado diante da idéia de tentar esta experiência com um grupo grande. E, de fato, quando soube o tamanho deste grupo, desisti da idéia. Mas então, com o estímulo de minha mulher, voltei a ela e resolvi fazer esta tentativa.

Uma das coisas que reforçou minha decisão foi o conhecimento de que as conferências em Caltech são tradicionalmente dadas sob a forma de demonstrações. O que se segue não é uma demonstração, em nenhum dos seus sentidos usuais. Mas espero que de algum modo isto possa ser uma demonstração de uma comunicação emitida, e também recebida, sobretudo ao nível dos sentimentos e da experiência.

O que eu gostaria de fazer é na verdade muito simples. Gostaria de partilhar com vocês algumas coisas que aprendi por mim mesmo em relação à comunicação. São lições que aprendi a partir da experiência. Não estou dizendo, de modo algum, que vocês devam aprender ou fazer as mesmas coisas. Mas acho que se conseguir relatar adequadamente minha experiência de um modo fiel, talvez vocês possam compará-la com as suas, e concluir se ela lhes soa verdadeira ou falsa. Em minha própria comunicação de "mão dupla" com as pessoas, tive experiências que me fizeram sentir bem gratificado, terno e satisfeito. E houve experiências que durante algum tempo, e mesmo mais tarde, provocaram em mim um sentimento de insatisfação e me fizeram sentir mais distante e menos contente comigo mesmo. É sobre esses momentos que quero lhes falar. Em outras palavras, algumas das minhas experiências de comunicação com outras pessoas fizeram-me sentir maior, enriquecido e aceleraram meu próprio crescimento. Freqüentemente, nessas experiências, percebi na outra pessoa reações semelhantes, que ela também se enriquecera, e que seu desenvolvimento e funcionamento haviam sido impulsionados. Houve outras ocasiões em que o crescimento ou desenvolvimento de cada um de nós diminuiu ou parou, ou até sofreu um retrocesso. Tenho certeza de que ficará claro, no que vou dizer, que prefiro as experiências de comunicação que propiciam um efeito de crescimento e promoção, tanto em mim como no outro, e que prefiro evitar aquelas em que eu e o outro sentimo-nos diminuídos.

O primeiro sentimento básico que gostaria de partilhar com vocês é a minha alegria quando consigo realmente *ouvir* alguém. Acho que esta característica talvez seja algo que me é inerente e já existia desde os tempos da escola primária. Por exemplo, lembro-me quando uma criança fazia uma pergunta e a professora dava uma ótima resposta, porém a uma pergunta inteiramente diferente. Nestas circunstâncias, eu era dominado por um sentimento intenso de dor e angústia. Como reação, eu tinha vontade de dizer: "Mas você não a ouviu!" Sentia uma espécie de desespero infantil diante da falta de comunicação que era (e é) tão comum.

Creio que sei por que me é gratificante ouvir alguém. Quando consigo realmente ouvir alguém, isso me coloca em contato com ele, isso enriquece a minha vida. Foi ouvindo pessoas que aprendi tudo o que sei sobre as pessoas, sobre a personalidade, sobre as relações interpessoais. Ouvir verdadeiramente alguém resulta numa outra satisfação especial. É como ouvir a música das estrelas, pois por trás da mensagem imediata de uma pessoa, qualquer que seja essa mensagem, há o universal. Escondidas sob as comunicações pessoais que eu realmente ouço, parecem haver leis psicológicas ordenadas, aspectos da mesma ordem que encontramos no universo como um todo. Assim, existem ao mesmo tempo a satisfação de ouvir esta pessoa e a satisfação de sentir o próprio eu em contato com uma verdade universal.

Quando digo que gosto de ouvir alguém estou me referindo evidentemente a uma escuta profunda. Quero dizer que ouço as palavras, os pensamentos, a tonalidade dos sentimentos, o significado pessoal, até mesmo o significado que subjaz às intenções conscientes do interlocutor. Em algumas ocasiões, ouço, por trás de uma mensagem que superficialmente parece pouco importante, um grito humano profundo, desconhecido e enterrado muito abaixo da superfície da pessoa.

Assim, aprendi a me perguntar: sou capaz de ouvir os sons e de captar a forma do mundo interno desta outra pessoa? Sou capaz de pensar tão profundamente sobre o que me está sendo dito, a ponto de entender os significados que ela teme e ao mesmo tempo gostaria de me comunicar, tanto quanto ela os conhece?

Lembro-me, por exemplo, de uma entrevista que tive com um jovem adolescente. Como muitos adolescentes de hoje em dia, ele me dizia no começo da entrevista que não tinha objetivos. Quando o questionei a respeito, ele reafirmou, ainda com mais convicção, que não tinha objetivos de espécie alguma, nenhum sequer. Eu lhe perguntei: "Não há nada que você queira fazer?" "Nada... Bem, sim, quero continuar vivendo". Lembro-me claramente do que senti naquele momento. Refleti profundamente sobre esta frase. Ele poderia estar simplesmente dizendo-me, como todo mundo, que queria viver. Por outro lado, poderia estar me dizendo – e esta parecia uma possibilidade concreta – que, em algum momento, a questão de viver ou não tivera nele uma grande ressonância. Então tentei raciocinar com ele em todos os níveis. Não tinha muita certeza sobre o significado da mensagem. Queria simplesmente estar aberto a quaisquer significados contidos nesta afirmação, inclusive à possibilidade de que tivesse pensado em suicídio em algum momento de sua vida. Minha vontade e capacidade de ouvi-lo em todos os níveis contribuíram, talvez, para que ele, antes do final da entrevista, me contasse que há pouco tempo atrás estivera a ponto de estourar os miolos. Este pequeno episódio é um exemplo do que quero dizer quando falo em realmente querer ouvir alguém em todos os níveis em que ele esteja tentando se comunicar.

Deixem-me dar outro pequeno exemplo. Há pouco tempo um amigo telefonou-me de muito longe, para falarmos de um determinado assunto Acabamos a conversa e eu desliguei o telefone. Então, e somente então, seu tom de voz me atingiu. Percebi que, por detrás do assunto que discutíamos, parecia haver um tom de angústia, de desânimo, até mesmo de desespero, que em nada se relacionava com o assunto em questão. Senti isto de um modo tão agudo que lhe escrevi uma carta dizendo mais ou menos o seguinte: "Talvez esteja errado em relação ao que vou dizer, e nesse caso você pode jogar esta carta no lixo, mas senti, depois que desliguei o telefone, que sua voz soava como se você estivesse angustiado e sofrendo, talvez desesperado". Então tentei partilhar com ele alguns de meus próprios sentimentos sobre ele e sua situação, de um modo que eu acreditava pudesse ser útil. Mandei a carta com algum receio, pensando que eu podia estar ridiculamente enganado. Mas recebi uma resposta imediatamente. Ele estava profundamente agradecido pelo fato de que alguém o *tivesse ouvido*. Eu estava totalmente certo quando ouvi seu tom de voz e me senti muito gratificado por ter sido capaz de ouvi-lo, e então tornar possível uma comunicação verdadeira. Muitas vezes, como nesse exemplo, as palavras transmitem uma mensagem, e o tom de voz transmite outra, completamente diferente.

Constato, tanto em entrevistas terapêuticas como nas experiências intensivas de grupo que me foram muito significativas, que ouvir traz conseqüências. Quando efetivamente ouço uma pessoa e os significados que lhe são importantes naquele momento, ouvindo não suas palavras mas ela mesma, e quando lhe demonstro que ouvi seus significados pessoais e íntimos, muitas coisas acontecem. Há, em primeiro lugar, um olhar agradecido. Ela se sente aliviada. Quer falar mais sobre seu mundo. Sente-se impelida em direção a um novo sentido de liberdade. Torna-se mais aberta ao processo de mudança.

Tenho notado freqüentemente que quanto mais presto uma profunda atenção aos significados de uma pessoa, mais acontece o que relatei. Quando percebem que foram profundamente ouvidas, as pessoas quase sempre ficam com os olhos marejados. Acho que na verdade trata-se de chorar de alegria. É como se estivessem dizendo: "Graças a Deus, alguém me ouviu. Há alguém que sabe o que significa estar na minha própria pele". Nestes momentos, tenho tido a fantasia de estar diante de um prisioneiro em um calabouço, que dia após dia transmite uma mensagem em Código Morse: "Ninguém está me ouvindo? Há alguém aí?" E um dia, finalmente, escuta algumas batidas leves que soletram: "Sim". Com esta simples resposta, ele se liberta da solidão. Torna-se novamente um ser humano. Há muitas, muitas pessoas vivendo em calabouços privados hoje em dia, pessoas que não deixam transparecer esta condição e que têm de ser ouvidas com muita atenção para que sejam captados os fracos sinais emitidos do calabouço.

Se isto lhes parece piegas ou exagerado, gostaria de partilhar com vocês uma experiência que tive com um grupo de encontro formado por quinze pessoas que ocupavam importantes cargos executivos. Logo nas primeiras sessões intensivas da semana, foram solicitadas a registrar por escrito um sentimento ou sentimentos que não quisessem partilhar com o grupo. Esses registros eram anônimos. Um homem escreveu: "Não me relaciono bem com as pessoas. Tenho uma fachada quase impenetrável. Nada que me machuque entra em mim mas também nada sai. Reprimi tantas emoções que estou próximo à esterilidade emocional. A situação não me deixa nada satisfeito, mas não sei o que fazer. Talvez a compreensão de como e por que os outros reagem diante de mim possa ajudar-me". Esta era nitidamente uma mensagem vinda de um calabouço. No final da semana, um membro do grupo identificou-se como o autor daquela mensagem anônima, relatando com muito mais detalhes seus sentimentos de isolamento, de total frieza. Sentia que a vida havia sido tão brutal para com ele que precisara viver sem sentimentos, não somente no trabalho como também em grupos sociais, e mais triste do que tudo, na própria família. Assistir à sua conquista gradual de uma maior possibilidade de se expressar no grupo, a diminuição do medo de ser ferido e o aumento do desejo de partilhar suas coisas com os outros, foi uma experiência muito recompensadora para todos nós que participamos do grupo.

Achei divertido e ao mesmo tempo muito gratificante quando ele, numa carta que me escreveu algumas semanas mais tarde sobre um outro assunto, incluiu o seguinte parágrafo: "Quando voltei (do nosso grupo), senti-me um pouco como uma jovem que foi seduzida mas está ainda às voltas com a sensação de que era exatamente isto que esperava e estava precisando! Ainda não sei ao certo quem foi o responsável por esta sedução: se você, o grupo, ou se foi uma aventura conjunta. Suspeito que a última hipótese seja a correta. De qualquer modo, gostaria de agradecer-lhe por aquela experiência significativa e muitíssimo interessante". Acho que não é exagero dizer que o fato de muitos de nós no grupo termos sido verdadeiramente capazes de ouvi-lo o libertou do calabouço e ele pôde sair, pelo menos até certo ponto, para um mundo mais ensolarado de relações interpessoais afetuosas.

Passarei agora para uma segunda lição que gostaria de partilhar com vocês. Gosto de *ser ouvido*. Várias vezes em minha vida me senti explodindo diante de problemas insolúveis ou andando em círculos atormentadamente, ou ainda, em certos períodos, subjugado por sentimentos de desvalorização e desespero. Acho que tive mais sorte do que a maioria, por ter encontrado, nesses momentos, pessoas que foram capazes de me ouvir e assim resgatar-me do caos de meus sentimentos. Pessoas que foram capazes de perceber o significado do que eu dizia um pouco além do que eu era capaz de dizer. Estas pessoas me ouviram sem julgar, diagnosticar, apreciar, avaliar. Apenas me ouviram, esclareceram-me e responderam-me em todos os níveis em que eu me comunicava. Posso testemunhar o fato de que quando estamos numa situação psicologicamente dolorosa e alguém nos ouve sem nos julgar, sem tentar assumir a responsabilidade por nós, sem tentar nos moldar, sentimo-nos incrivelmente bem! Nesses momentos, esta atitude relaxou minha tensão e me permitiu pôr para fora os sentimentos que me atemorizavam, as culpas, a angústia, as confusões que tinham feito parte de minha experiência. Quando sou ouvido, torno-me capaz de rever meu mundo e continuar. É incrível como alguns aspectos que antes pareciam insolúveis tornam-se passíveis de solução quando alguém nos ouve. É incrível como as confusões que pareciam irremediáveis transformam-se em correntes que fluem com relativa facilidade quando somos ouvidos. Fiquei imensamente satisfeito nos momentos em que fui ouvido desta forma sensível, empática e concentrada.

Não gosto quando não consigo ouvir uma pessoa, quando não a entendo. Quando se trata simplesmente de um mal-entendido ou de uma falta de atenção ao que ela está dizendo, ou de uma dificuldade de entender suas palavras, não chego a me sentir insatisfeito comigo. Mas realmente não gosto quando não sou capaz de ouvir o outro, porque de antemão estou tão certo do que ele vai dizer que não o ouço. Somente mais tarde percebo que ouvi apenas o que já decidira que ele estava dizendo. Na verdade não o ouvi. Ou, pior ainda, há situações em que me surpreendo tentando distorcer sua mensagem para fazê-lo dizer o que eu quero que ele diga e ouvir apenas isso. Esta atitude pode ser muito sutil, e é surpreendente perceber o quanto posso ser habilidoso nisso. Basta que eu torça suas palavras um pouquinho, que eu distorça ligeiramente seu significado, e parecerá não somente que ele está dizendo o que quero ouvir mas também que é a pessoa que eu quero que ele seja. Quando percebo, ou porque ele protesta ou porque eu mesmo o reconheço aos poucos, que o estou manipulando de modo sutil, fico desgostoso comigo mesmo. Sei também, por estar do lado receptor de tudo isto, como é frustrador ser tomado pelo que não se é, ser ouvido dizendo algo que não se está dizendo. Isto gera raiva, frustração e desilusão.

Esta última afirmação nos conduz à próxima lição que quero partilhar com vocês: fico terrivelmente frustrado e aprisionado quando tento expressar algo que é meu, algo que faz parte de meu mundo interno, privado, e não sou entendido. Quando resolvo assumir o risco de tentar compartilhar algo que me é muito pessoal e não sou recebido ou entendido, vivo uma experiência esvaziadora e solitária. Cheguei à conclusão de que uma experiência como essa torna algumas pessoas psicóticas. O fato de ninguém as entender, leva-as à perda da esperança. Uma vez perdida a esperança, seu mundo interno, que se torna cada vez mais bizarro, passa a ser o único lugar onde podem viver. Não podem mais viver qualquer experiência humana compartilhada. Posso entendê-las porque sei que quando tento partilhar um sentimento meu, privado, precioso, e minha comunicação se defronta com uma avaliação, uma necessidade de comprovação, uma distorção do sentido, reajo com indignação: "Mas para que tudo isto?" Nestes momentos, entendemos o que significa estar sozinho.

Assim, como vocês podem perceber a partir do que eu disse até aqui, um ouvir criativo, ativo, sensível, acurado, empático, imparcial, é algo que se me afigura imensamente importante numa relação. Para mim, é importante propiciá-lo e tem sido extremamente importante, principalmente em certos momentos de minha vida, recebê-lo. Sinto que cresço quando o ofereço; e tenho a certeza de que cresço e me sinto aliviado e valorizado quando recebo este tipo de escuta.

Passemos agora para um outro capítulo de mais aprendizados.

Acho muito gratificante conseguir ser verdadeiro, conseguir aproximar-me do que quer que esteja se passando dentro de mim. Gosto quando consigo ouvir-me. Saber realmente o que está acontecendo dentro de mim não é uma coisa simples, mas tenho me sentido encorajado a fazê-lo, pois percebo que durante todos esses anos esta minha capacidade tem melhorado. Estou convencido, no entanto, de que esta é uma tarefa para toda a vida e que nenhum de nós jamais está totalmente apto a entrar em contato, sem dificuldades, com o que está acontecendo no cerne de nossa própria experiência.

No lugar do termo "autenticidade", às vezes tenho usado o termo "congruência". Com isto quero dizer que quando o que estou vivenciando num determinado momento está presente em minha consciência e quando o que está presente em minha consciência está presente em minha comunicação, então cada um desses três níveis está emparelhado ou é congruente. Nesses momentos, estou integrado ou inteiro, estou inteiramente íntegro. É evidente que na maior parte do tempo, como qualquer pessoa, eu apresento um certo grau de incongruência. Aprendi, no entanto, que a autenticidade, ou a congruência — não importa o nome que você queira dar a isto — é fundamental para que a comunicação atinja o seu máximo.

O que quero dizer quando falo em estar em contato com o que se passa dentro de mim? Deixem-me tentar explicar o que quero dizer, descrevendo o que acontece por vezes em meu trabalho como terapeuta. Há ocasiões em que um sentimento que parece não ter nenhuma relação especial com o que está se passando "surge em mim". Já aprendi a aceitar e a confiar neste sentimento, no nível de minha consciência, e tentar comunicá-lo ao cliente. Por exemplo, há ocasiões em que um cliente está conversando comigo e de repente tenho dele uma imagem de menininho suplicante, com as mãos juntas em atitude de súplica, dizendo: "Por favor, dê-me isto, por favor, dê-me isto". Aprendi que se for verdadeiro na relação com ele e se conseguir expressar esse sentimento que me ocorreu, provavelmente o atingirei em um ponto sensível e nossa relação progredirá.

Vejamos um outro exemplo. Muitas vezes me é difícil, assim como para outros autores, entrar em contato comigo quando começo a escrever. É quase inevitável ser atraído pela possibilidade de escrever coisas que obtenham a aprovação dos colegas ou soem bem a eles ou que tenham um apelo popular. Como ouvir o que realmente quero dizer ou escrever? É difícil. Às vezes tenho até que trapacear comigo mesmo para me aproximar do que existe em mim. Digo a mim mesmo que não estou escrevendo para ser publicado, que estou simplesmente escrevendo para a minha própria satisfação. Escrevo em folhas de papel velho para não poder sequer recriminar-me por estar gastando papel. Vou anotando sentimentos e idéias tal como surgem, precipitadamente, sem me preocupar com a coerência ou a organização. Desse modo, posso chegar muito mais perto daquilo que sou, sinto ou penso. Os textos que escrevi assim são aqueles em que nunca faço apologias e nos quais me comunico profundamente com os outros. Assim, é uma satisfação muito grande sentir que consegui entrar em contato comigo, com meus aspectos ocultos que vivem abaixo da superfície.

Fico contente quando tenho a coragem de comunicar minha realidade interna a alguém. Isto está longe de ser fácil, em parte porque o que vivencio está em contínua mudança. Normalmente há uma distância, às vezes de momentos, outras de dias, semanas ou meses, entre a experiência e sua comunicação: vivencio algo, sinto algo, mas só mais tarde ouso comunicá-lo. Somente quando o vivido esfriou o suficiente eu arrisco compartilhá-lo. Mas quando consigo comunicar o que é autêntico em mim no momento em que ocorre, sinto-me espontâneo, genuíno e vivo.

Encontrar autenticidade em uma outra pessoa é uma experiência luminosa. Às vezes, nos grupos de encontro que têm sido parte importante de minha experiência nestes últimos anos, um membro qualquer diz algo que lhe sai transparente e inteiro. É tão óbvio quando alguém não se esconde por trás de uma fachada e fala de dentro de si mesmo! Quando isto acontece, corro ao seu encontro. Quero me encontrar com esta pessoa verdadeira. Às vezes, os sentimentos assim expressos são muito positivos. Outras, são decididamente negativos. Lembro-me de um homem que ocupava uma posição de responsabilidade, um cientista à testa de um grande departamento de pesquisas de um imensa empresa do setor eletrônico. Um dia, num grupo de encontro, ele teve a coragem de falar sobre seu isolamento. Contou-nos que jamais tivera um amigo em toda a sua vida. Conhecia muitas pessoas mas nenhuma que pudesse considerar como um amigo. "Na verdade", acrescentou, "há somente dois indivíduos no mundo com quem posso ter uma relação razoável. São meus dois filhos." Quando terminou, vertia lágrimas de pena de si mesmo, que, tenho certeza, haviam sido contidas por muitos anos. Mas foram a honestidade e a autenticidade de sua solidão que permitiram a cada membro do grupo aproximar-se psicologicamente dele. O fato de sua coragem em ser autêntico nos ajudar a ser mais genuínos em nossas comunicações e a deixar cair as máscaras que usamos comumente, foi também muito significativo.

Fico desapontado quando percebo — e naturalmente esta percepção só acontece depois de um certo tempo — que tenho muito medo ou me sinto ameaçado demais para me permitir entrar em contato com o que estou vivendo, e que por isso não fui genuíno ou congruente. Ocorre-me imediatamente um exemplo que me é um tanto doloroso revelar.

Há alguns anos atrás, fui convidado a integrar o Centro de Estudos Avançados em Ciências do Comportamento, em Stanford, como professor visitante. Os professores visitantes constituem um grupo de estudiosos brilhantes e bem informados. Suponho que seja inevitável ocorrer muita promoção pessoal, muita exibição de conhecimentos e de realizações. Cada um parece querer impressionar os outros, afirmar-se, mostrar-se um pouco mais informado do que realmente é. Surpreendi-me tentando fazer o mesmo — representando um papel no qual demonstrava mais certezas e mais competência do que realmente possuo. Vocês não podem imaginar como fiquei desgostoso comigo mesmo quando percebi o que estava fazendo: não estava sendo eu mesmo, estava representando um papel.

Lamento muito quando reprimo meus sentimentos por muito tempo e eles acabam explodindo de um modo distorcido, ou então atacando ou ferindo. Tenho um amigo de quem gosto muito, mas que tem um certo padrão de comportamento que efetivamente me aborrece. Devido ao meu costume de ser agradável, polido, guardei durante muito tempo esse aborrecimento. Quando finalmente ele explodiu e transbordou, o fez não mais como simples aborrecimento mas como um ataque a esse amigo. Foi doloroso, e levamos algum tempo para reconstruir nossa amizade.

Fico interiormente feliz quando tenho forças para permitir que uma outra pessoa seja autêntica e independente de mim. Acho que tal possibilidade quase sempre assusta. De certo modo, considero-a um teste definitivo de capacidade de liderança ou de desempenho do papel paterno. Será que posso permitir a um membro de um grupo ou à minha filha ou ao meu filho que eles se tornem pessoas independentes de mim, com idéias, objetivos, e valores que não sejam idênticos aos meus? Lembro-me de um membro de meu grupo que no ano passado teve momentos de brilhantismo mas cujos valores divergiam claramente dos meus e que se comportava de um modo muito diferente do que eu me comportaria. Foi um verdadeiro desafio, em relação ao qual sinto que fui apenas parcialmente bem-sucedido, deixá-lo ser ele mesmo, permitir que ele se desenvolvesse como uma pessoa inteiramente separada de mim, de minhas idéias e de meus valores. Na medida em que fui bem-sucedido, fiquei contente comigo mesmo, pois acho que é essa permissão para que o outro seja independente que contribui para o seu desenvolvimento autônomo.

Fico zangado quando descubro que estou tentando controlar e moldar sutilmente uma outra pessoa à minha imagem. Este tem sido um aspecto doloroso da minha experiência profissional. Odeio ter "discípulos", estudantes que se moldaram meticulosamente ao padrão que supõem que eu desejo. Cabe-lhes alguma responsabilidade nisso, mas não posso evitar a desconfortável hipótese de que eu, sem o saber, tenha sutilmente controlado esses indivíduos, transformando-os em carbonos de mim mesmo, ao invés de permitir que fossem os profissionais independentes de mim, nos quais têm todo o direito de se transformar.

A partir de tudo o que disse, acredito que tenha ficado claro que fico muito satisfeito quando posso permitir ou sentir autenticidade em mim ou no outro. E fico aflito quando não o permito em mim ou no outro. Quando consigo ser congruente e genuíno, quase sempre ajudo a outra pessoa. Quando essa outra pessoa é cristalinamente autêntica e congruente, ela quase sempre me ajuda. Nesses raros momentos, em que uma profunda autenticidade de um encontra uma autenticidade no outro, ocorre uma "relação eutu", como diria Martin Buber. Um encontro pessoal tão profundo e mútuo não acontece com muita freqüência, mas estou convencido de que somente quando ele tem possibilidade de ocorrer é que estamos vivendo como seres humanos.

Quero passar agora a uma outra área das lições que aprendi sobre as relações interpessoais — uma lição que aprendi lenta e dolorosamente.

Sinto-me enternecido e pleno quando permito que alguém se importe comigo, me aceite, me admire ou me considere. Suponho que devido à minha própria história, foi muito difícil para mim permiti-lo. Durante muito tempo, tendi a varrer quase que automaticamente quaisquer sentimentos positivos que me eram dirigidos. Minha reação era: "Quem, eu? Não é possível que você esteja se importando comigo. Você poderia gostar do que eu fiz, de minhas realizações, mas não de mim". Neste aspecto, minha terapia me ajudou muito. Ainda hoje, há ocasiões em que não sou capaz de me deixar penetrar por sentimentos de ternura e amor vindos de outros, mas quando o consigo, sinto-me aliviado. Sei que há quem me adule por interesse pessoal, e quem me elogie por medo de ser hostil. Mas hoje consigo reconhecer que há pessoas que gostam genuinamente de mim, apreciam-me, amam-me e quero senti-lo e admiti-lo. Creio que me tornei menos altivo à medida que fui sendo capaz de assumir e receber esses sentimentos de amor.

Sinto-me enriquecido quando consigo verdadeiramente me importar com outra pessoa ou amá-la e quando consigo deixar que esse sentimento flua em sua direção. Costumava, como muitas outras pessoas, ter medo de cair em armadilhas, caso mostrasse meus sentimentos. "Se me importar com ele, ele poderá me controlar." "Se a amar, estarei tentando controlá-la." Penso que tive que caminhar muito até poder sentir menos medo disso. Como meus clientes, eu também aprendi lentamente que não é perigoso dar ou receber sentimentos ternos, positivos.

Para ilustrar o que quero dizer, gostaria de dar novamente um exemplo extraído de um grupo de encontro reunido recentemente. Uma mulher, que se descrevia como uma pessoa "ruidosa, irritável, hiperativa", cujo casamento estava em pedaços e que sentia que a vida não valia a pena de ser vivida, disse: "Eu realmente enterrei sob uma camada de concreto muitos sentimentos, porque eu temia que pudessem ser motivo de riso ou de desprezo.

Isso criava, é claro, um inferno para mim e minha família. Estava aguardando ansiosamente o grupo de encontro com os últimos fiapos de minha esperança — era realmente uma agulha de confiança num palheiro de desespero".

Ela falou de algumas de suas experiências no grupo e acrescentou: "Mas o momento decisivo foi aquele em que você fez o simples gesto de pôr seu braço em volta de meu ombro, numa tarde em que fiz um estardalhaço por não sentir que você era realmente um membro do grupo — e que ninguém poderia chorar no *seu* ombro. Em anotações que fiz na noite anterior, eu havia escrito: 'Meu Deus, não há no mundo nenhum homem que me ame'. Você pareceu tão genuinamente preocupado no dia em que eu desabei, em que estava esmagada... Recebi seu gesto como um dos primeiros sentimentos de aceitação — de mim, do jeito que eu sou, desse jeito estúpido e irritável e tudo o mais — que jamais experienciei em minha vida. Senti-me necessária, afetiva, competente, furiosa, frenética, tudo e nada, mas sinceramente *amada*. Você pode imaginar a corrente de gratidão, de humildade, de quase alívio, que me inundou. Escrevi, com grande alegria: 'Eu realmente senti amor'. Duvido que possa esquecer esse momento tão cedo".

Essa mulher, evidentemente, estava falando *para* mim, e também, num sentido mais profundo, falando *por* mim. Eu também tive sentimentos semelhantes.

Um outro exemplo diz respeito à experienciar e dar amor. Refiro-me a um executivo do governo que participou de um grupo do qual eu também participei, um homem com muitas responsabilidades e com excelente formação técnica como engenheiro. Na primeira reunião ele me impressionou, e penso que aos outros também, por sua frieza, altivez, amargura, ressentimento e cinismo. Quando ele falou sobre como conduzia seu gabinete, pareceu-me que ele o administrava sem nenhum calor ou sentimento humano. Numa das primeiras sessões, ele falava de sua mulher quando um dos membros do grupo perguntou-lhe: "Você ama sua mulher?" Ele ficou em silêncio durante um bom tempo e o que lhe fizera a pergunta disse: "O.K., você já me respondeu". O executivo disse: "Não, espere um pouco. Não respondi porque estava pensando: 'Será que já amei alguém?' Penso que de fato jamais *amei* alguém".

Poucos dias depois, ele prestou muita atenção a um membro do grupo que revelava muitos de seus sentimentos de isolamento, solidão, e dizia estar vivendo uma fachada. Na manhã seguinte, o engenheiro disse: "Na noite passada, pensei muito no que ele nos disse. Até chorei um pouquinho. Nem me lembro de quando chorei pela última vez e realmente senti algo. Acho que o que eu senti foi amor".

Não é surpreendente o fato de que antes do final daquela semana ele tenha pensado em diferentes modos de lidar com seu filho, em relação ao qual ele vinha sendo muito exigente. Começou também a apreciar o amor que sua esposa lhe dispensava — amor que sabia agora ser capaz de corresponder, em alguma medida.

Por ter menos medo de dar e receber sentimentos positivos, tornei-me capaz de gostar das pessoas. Cheguei à conclusão de que esta capacidade é rara. Com muita freqüência, mesmo em relação aos nossos filhos, amamos para controlar, ao invés de amar porque gostamos do outro. Um dos sentimentos mais gratificantes que conheço — e também um dos que mais oferecem possibilidades de crescimento para a outra pessoa — advém do fato de eu apreciar essa pessoa do mesmo modo como aprecio um pôr-do-sol. As pessoas são tão belas quanto um pôr-do-sol quando as deixamos ser. De fato, talvez possamos apreciar um pôr-do-sol justamente pelo fato de não o podermos controlar. Quando olho para um pôr-do-sol, como fiz numa tarde destas, não me ponho a dizer: "Diminua um pouco o tom do laranja no canto direito, ponha um pouco mais de vermelho púrpura na base e use um pouco mais de rosa naquela nuvem". Não faço isso. Não *tento* controlar um pôr-do-sol. Olho com admiração a sua evolução. Gosto mais de mim quando consigo contemplar assim um membro da minha equipe, ou meu filho, minha filha, meus netos. Acredito que esta atitude tenha algo de oriental. Para mim, é a mais gratificante.

Há uma outra lição que eu gostaria de mencionar brevemente, em relação à qual não me sinto muito orgulhoso, mas que parece ser um fato. Quando não sou estimado ou apreciado, não só me sinto muito diminuído, como meu comportamento é atingido por meus sentimentos. Quando sou estimado, eu desabrocho e cresço, torno-me um indivíduo interessante. Num grupo hostil ou desaprovador, não passo de um nada. As pessoas se perguntam, com justa razão: "Mas como é que ele conseguiu alcançar uma reputação?" Gostaria de ter forças para ser mais parecido nos dois tipos de grupos, mas realmente a pessoa que eu sou num grupo afetivo e interessado é diferente da pessoa que sou num grupo hostil e frio.

Assim, estimar ou amar e ser estimado e amado são experiências que promovem crescimento. Uma pessoa que é amada compreensivamente, e não possessivamente, desabrocha e desenvolve seu eu próprio e único. A pessoa que ama de modo não possessivo enriquece a si mesma. Esta, pelo menos, tem sido a minha experiência.

Eu poderia lhes apresentar alguns resultados de pesquisas que mostram que essas qualidades que mencionei — capacidade para ouvir empaticamente, congruência ou autenticidade, aceitação ou estima em relação ao outro — quando presentes numa relação, promovem uma comunicação adequada e mudanças construtivas na personalidade. Mas sinto que qualquer referência a resultados de pesquisa ficaria deslocada numa apresentação como a que estou fazendo.

Em vez disso, gostaria de concluir com duas afirmações também extraídas de uma experiência de grupo intensivo. Trata-se de um *workshop* de uma semana de duração, e os dois textos que vou reproduzir foram escritos por dois participantes algumas semanas depois. Havíamos pedido a cada participante que escrevesse sobre o que estivesse sentindo e enviasse o texto a todos os demais participantes do grupo.

O primeiro depoimento foi escrito por um homem que relata algumas experiências difíceis vividas logo após o término do *workshop*, entre elas o tempo dispendido com

um sogro que não me dá muita importância como pessoa, mas que só se importa com o que faço concretamente. Eu estava bastante abalado. Era como ir de um extremo a outro. Comecei a duvidar novamente de meus objetivos e especialmente de minha utilidade. Mas volta e meia eu voltava ao grupo, às coisas que vocês haviam dito ou feito, coisas que me deram o sentimento de que eu de fato tenho algo a oferecer – que eu não tenho que provar concretamente a minha utilidade – e isso reequilivrava a balança e me fazia sair da depressão. Cheguei à conclusão de que minhas experiências com vocês afetaram-me profundamente, e estou muito grato por isso. É uma experiência diferente de uma terapia pessoal. Nenhum de vocês tinha de se importar comigo, nenhum de vocês tinha de me procurar ou me fazer saber de coisas que imaginavam poder me ajudar, nenhum de vocês tinha de me dizer que eu lhes era útil – mas vocês o fizeram, e como resultado tudo isso teve muito mais valor para mim do que qualquer outra coisa que eu tenha vivido. Quando tenho vontade de deter-me e de não viver espontaneamente, por qualquer razão, lembro-me de que doze pessoas, exatamente como as que tenho diante de mim, disseram-me para ir em frente e ser coerente, para ser eu mesmo, e o mais incrível de tudo, me amavam ainda mais por isso. Isso me deu coragem para sair da minha concha muitas vezes, desde então. Parece-me às vezes que o fato de eu fazer isso ajuda os outros a viver uma experiência semelhante de liberdade.

Tenho sido também mais capaz de deixar que os outros entrem em minha vida – de permitir que eles se preocupem comigo e de me permitir receber o seu calor. Lembro-me do momento em que esta mudança ocorreu em nosso grupo de encontro. Senti como se houvesse removido barreiras que existiam há muito tempo – com tanta intensidade que senti profundamente que estava vivendo uma nova experiência de abertura em relação a vocês. Eu não precisava ter medo, eu não precisava brigar ou medrosamente fugir da liberdade que se oferecia aos meus próprios impulsos – eu podia apenas ser e deixá-los ser comigo.

O segundo trecho foi extraído do relato de uma mulher que viera com seu marido para esse *workshop* de relações humanas, embora estivessem em grupos separados. Ela fala, com detalhes, de sua experiência de revelar seus sentimentos ao grupo e dos resultados obtidos com esse passo.

Tomar a decisão foi uma das coisas mais difíceis que fiz em toda a minha vida. Eu escondia meus sentimentos de dor e de solidão dos meus amigos, até mesmo dos mais íntimos, quando os sentia. Somente quando suprimi esses sentimentos e consegui falar deles jocosa ou casualmente foi que pude partilhar as coisas que me doíam, mas isso não me ajudou a elaborá-las. Vocês derrubaram as paredes que estavam detendo a dor, e foi bom estar com vocês, sofrer – e não fugir da dor.

Além disso, eu antes sofria tanto ao não ser compreendida ou ao ser criticada que resolvera não falar de acontecimentos verdadeiramente significativos, bons ou ruins, durante a maior parte da minha vida. Só recentemente eu ousei correr o risco de sofrer. No grupo, defrontei-me com esses medos, e me senti extremamente aliviada ao descobrir que meus sentimentos diante da crítica ou da falta de compreensão de vocês (que eu sentia benditamente destituídas de hostilidade) não eram dor profunda mas curiosidade, pena, irritação, talvez tristeza, e [eu senti] uma profunda gratidão pela ajuda que recebi ao olhar para partes minhas que eu não via ou não queria ver antes. Tenho certeza de que perceber preocupação e respeito pela pessoa, mesmo quando meu comportamento poderia tê-los irritado ou alienado, tornou-me possível aceitar tudo isto e considerá-lo útil.

Houve momentos em que tive muito medo do grupo, mas nunca de cada um, individualmente. Em alguns momentos, senti muita necessidade de conversar com uma só pessoa, mas no decorrer da semana descobri que a maioria de vocês, em um momento ou outro, era de grande ajuda para mim. Que alívio encontrar tantos, ao invés de encontrar apenas os coordenadores! Esta experiência despertou-me para uma maior confiança nas pessoas, aumentou minha capacidade de me abrir com os outros.

Um dos resultados mais agradáveis é o fato de que agora consigo relaxar. Não me dei conta da constante tensão a que estava submetida, até o momento em que relaxei! Estou agora muito mais sensível aos momentos em que minhas emoções ou meu cansaço transformam-me em uma má ouvinte, porque descobri que minhas dores e ansiedades internas, mesmo quando suprimidas, interferem na maneira como ouço o outro. Desde então, tenho sido capaz de ouvir melhor e de responder de uma maneira mais útil do que nunca em minha vida. Tenho estado mais consciente do que sinto e vivencio – uma abertura para mim mesma que jamais tive.

A congruência era mais um ideal do que uma realidade para mim. Francamente, achava desconcertante vivê-la e amedrontador expressá-la. Este foi verdadeiramente o primeiro lugar em que eu me senti segura para ver como eu era, para me sentir e me expressar. Percebo que a falta de congruência é dolorosa. O alívio e a alegria de me abrir ao que estou vivendo internamente, de ser capaz de manter esta abertura entre nós foram sentimentos novos e alentadores. Estou profundamente grata a vocês por nos tornar possível esta maior abertura de uns para os outros.

Acredito que vocês perceberão nessas experiências alguns dos elementos da comunicação interpessoal capazes de promover o crescimento que me fizeram sentido. Uma sensibilidade para ouvir, uma profunda satisfação em ser ouvido. Uma capacidade de ser mais autêntico, que provoca, em troca, uma maior autenticidade nos outros. E, conseqüentemente, uma maior liberdade para dar e receber amor. Estes, em minha experiência, são os elementos que tornam a comunicação interpessoal enriquecedora e acrescentadora.

2

Crescer envelhecendo ou envelhecer crescendo?

Este capítulo é o último de um trio de artigos autobiográficos. Em "Minha filosofia das relações interpessoais e como ela se desenvolveu"*falo um pouco sobre meu próprio crescimento e sobre como meu pensamento se desenvolveu. Em "Em Retrospecto: Quarenta e Seis Anos"*fiz uma retrospectiva da minha vida profissional. No presente artigo, refiro-me a uma década recente da minha vida – dos sessenta e cinco aos setenta e cinco anos. Como o estou escrevendo aos setenta e oito anos, incluí, no final, uma "atualização".

Este artigo passou por vários estágios. Apresentei uma versão dele em 1977, num grande *workshop* realizado no Brasil. Uma versão revista foi depois apresentada para uma pequena audiência, em San Diego. Apresentei-o, já na forma que se segue, como parte do programa intitulado: "Vivendo agora: Um *Workshop* sobre os Estágios da Vida", em La Jolla, em julho de 1977.

Fui convidado a fazer uma conferência sobre os anos da velhice. Mas percebi, no entanto, que estava pouco informado sobre a velhice, em geral, e que a única pessoa idosa que realmente conhecia era eu mesmo. Então, falei sobre essa pessoa.

O que significa ter setenta e cinco anos de idade? Não é o mesmo que ter cinqüenta e cinco, ou trinta e cinco anos, mas ainda assim, para mim, as diferenças não são tão grandes como se poderia supor. Não sei se minha história poderá ter utilidade ou sentido para alguém, pois tenho sido excepcionalmente afortunado. É mais para mim mesmo que vou registrar aqui algumas percepções e reações. Escolhi restringir-me à década que vai dos sessen-

---

*Ver Nota do Editor, p. VII.

ta e cinco aos setenta e cinco anos porque os setenta e cinco marcam, para muita gente, o fim de uma vida produtiva e o começo da aposentadoria, seja lá o que isto signifique!

A dimensão física

Eu realmente sinto uma degeneração física. Percebo-a de muitas maneiras. Há dez anos atrás, gostava muito do arremesso de disco. Hoje sinto tanto os efeitos de uma dolorosa artrite no ombro que este tipo de atividade está fora de cogitação. Em meu jardim, percebo que uma atividade que teria sido fácil há cinco anos, mas difícil há um ano, agora parece ser excessiva, e eu prefiro deixá-la para o jardineiro que trabalha para mim uma vez por semana. Esta lenta degeneração, acompanhada de distúrbios menores da visão, de batimentos cardíacos, e coisas assim, informam-me que a parte física do que chamo de "eu" não vai durar para sempre.

Mesmo assim, ainda aprecio uma caminhada de quatro milhas pela praia. Sou capaz de levantar objetos pesados, fazer todas as compras, cozinhar, lavar os pratos quando minha mulher está doente, carregar minha própria bagagem sem arquejar. As formas femininas ainda me parecem uma das mais encantadoras criações do universo, e as aprecio muito. Sinto-me tão sexual em meus *interesses* quanto me sentia aos trinta e cinco, apesar de não poder dizer o mesmo quanto ao meu desempenho. Sinto-me encantado com o fato de ainda estar sexualmente vivo, embora concorde com a observação feita pelo juiz da Suprema Corte, Oliver Wendell Holmes, ao sair de um teatro de variedades, aos oitenta anos: "Ah! Voltar aos setenta anos!" Sim, ou aos sessenta e cinco, ou aos sessenta!

Portanto, tenho uma consciência nítida de que estou visivelmente velho. Mas internamente sou ainda, sob muitos aspectos, a mesma pessoa, nem velha nem jovem. É sobre esta pessoa que passo a falar.

Atividades

Novos empreendimentos

Na década passada, embarquei em aventuras que envolviam riscos psicológicos e até mesmo físicos. O que mais me espanta é o fato de meu engajamento nelas ter sido provocado pela sugestão ou por alguma observação feita por alguém. Isto me faz perceber que deve haver em mim um estado de prontidão, do qual não tenho consciência e que só me leva à ação quando alguém aperta o botão apropriado. Deixem-me dar um exemplo.

Em 1968, meu colega Bill Coulson juntamente com alguns outros disseram-me: "Nosso grupo deveria criar uma organização nova e independente".

Foi a partir dessa sugestão que nasceu o Centro de Estudos da Pessoa — a não-organização mais simplória, mais improvável e mais influente que se possa imaginar. A partir do momento em que a idéia do Centro foi dada, tornei-me um membro muito ativo do grupo que o criou. Ajudei a alimentá-lo — e a nós mesmos — durante os difíceis primeiros anos.

Minha sobrinha Ruth Cornell, professora primária, perguntou: "Por que não há um livro seu em nossas bibliografias sobre Educação?" Esta pergunta deu origem à idéia que resultou em meu livro *Liberdade para Aprender*.

Jamais teria me ocorrido a possibilidade de influenciar um grupo de médicos, profissionais bastante conscientes de seu *status*, não fosse o sonho de minha colega Orienne Strode de exercer sobre eles um impacto humanizador, através de experiências de grupo intensivas. Ainda cético, porém esperançoso, resolvi ajudá-la a dar início ao programa. Corríamos um grande risco de fracasso. No entanto, a influência exercida pelo programa foi enorme. Novecentos professores de Medicina participaram dos grupos de encontro, acompanhados de suas esposas e de alguns estudantes de Medicina, que trouxeram consigo a "cegueira" do ensino médico. Esse programa teve uma evolução empolgante e gratificante, hoje totalmente independente de qualquer assistência significativa minha.

Neste verão, realizamos o nosso quinto *workshop* intensivo, de dezesseis dias de duração e de orientação centrada na pessoa. Estes *workshops* ensinaram-me mais do que qualquer outra realização da década passada. Aprendi e coloquei em prática novas maneiras de ser eu mesmo. Aprendi cognitiva e intuitivamente sobre os processos grupais e sobre como formar comunidades a partir de grupos. Foram experiências incríveis, nas quais trabalhei com uma grande equipe que se transformou numa família profissional unida. Arriscamo-nos cada vez mais, à medida que tentamos novas formas de estar com um grupo. E como foi que acabei me envolvendo nessa empreitada tão grande, tão trabalhosa? Há quatro anos, minha filha Natalie me disse: "Por que não fazemos um *workshop* juntos, talvez com uma abordagem centrada no cliente?" Nenhum de nós podia imaginar tudo o que iria surgir a partir dessa conversa.

Meu livro *Carl Rogers on Personal Power* (1977) também teve sua chama acesa a partir de uma conversa. Alan Nelson, naquele tempo um estudante universitário, questionou minha afirmação de que não havia uma "política" na terapia centrada no cliente. Isto me conduziu a uma linha de pensamento para a qual provavelmente eu já estava preparado, porque há trechos nesse livro que se escreveram sozinhos.

Temerário ou sensato?

A mais recente e talvez mais arriscada empreitada em que me engajei foi a viagem que fiz ao Brasil, juntamente com quatro membros do Centro de Estudos da Pessoa. Na ocasião, o que me convenceu a ir foram os esforços de organização, a visão e a capacidade de persuasão de Eduardo Bandeira. Algumas pessoas supunham que a viagem seria muito longa e cansativa para um homem da minha idade. Eu mesmo receava um pouco um vôo de quinze horas e coisas do gênero. Outros acreditavam que era muito arrogante supor que poderíamos influenciar um país tão grande. Mas a idéia de treinar facilitadores brasileiros era muito atraente. Muitos deles já haviam feito *workshops* nos Estados Unidos, de modo que poderiam começar em seguida seus próprios grupos intensivos.

E então surgiu uma outra oportunidade. Iríamos nos encontrar com platéias de seiscentas a oitocentas pessoas nas três maiores cidades brasileiras. Eram reuniões de dois dias, nos quais ficaríamos juntos num total de doze horas. Antes de deixar os Estados Unidos, concordávamos com o fato de que em encontros tão grandes e de duração tão reduzida teríamos que nos limitar a dar conferências. Mas, à medida que chegava o momento, sentíamos cada vez mais que falar *sobre* uma abordagem centrada na pessoa era inconsistente com nossos princípios, na medida em que não estaríamos compartilhando o controle e a direção dos grupos, não estaríamos dando aos participantes a oportunidade de se expressarem e de experimentarem seu próprio poder.

Assim, levamos a efeito empreendimentos bastante arriscados. Ao lado de palestras bem curtas, tentamos fazer grupos sem liderança, grupos centrados em interesses específicos, um grupo de encontro de demonstração e um diálogo entre a equipe e a platéia. Mas o maior desafio estava em fazer um grande círculo com oitocentas pessoas (com um raio de dez a doze pessoas), no qual pudesse haver a expressão de sentimentos e atitudes. Havia microfones à disposição de quem quisesse falar. Os participantes e a equipe participavam em igualdade de condições. Não havia uma pessoa ou um grupo exercendo uma liderança. Tivemos um grupo de encontro gigantesco. No início houve um grande caos, mas aos poucos as pessoas começaram a se ouvir umas às outras. Houve críticas — algumas vezes violentas — à equipe e ao processo. Outras pessoas sentiram que nunca haviam aprendido tanto em tão pouco tempo. Houve diferenças bastante pronunciadas. Em seguida a uma pessoa que atacou a equipe por não responder a questões, por não assumir o controle e fazer esclarecimentos, uma outra disse: "Mas quando foi que tivemos, se é que tivemos, a chance de criticar tão livremente, de nos expressar, de dizer *qualquer* coisa? " Finalmente, houve discussões construtivas sobre o que os participantes fariam com as coisas aprendidas quando voltassem para casa.

Depois da primeira noite em São Paulo, em seguida a uma sessão extremamente caótica, eu estava nitidamente consciente de que só tínhamos mais seis horas com o grupo. Lembro-me de que me recusei a falar com quem quer que fosse sobre a reunião. Eu estava tremendamente confuso. Ou bem eu havia ajudado a desencadear um experimento incrivelmente estúpido e fadado ao fracasso, ou bem havia ajudado a criar um novo modo de permitir que oitocentas pessoas sentissem suas potencialidades e participassem na formação de sua própria experiência de aprendizagem. Não havia meios de saber qual das alternativas era a correta. Talvez quanto maior o risco, maior a satisfação. Na segunda noite em São Paulo, houve um verdadeiro sentido comunitário e as pessoas viveram mudanças internas significativas. De acordo com um acompanhamento informal durante as semanas e meses seguintes, a experiência valera a pena para centenas de pessoas em cada uma das três cidades.

Até então, jamais fizera uma viagem tão longa que tivesse sido tão proveitosa. Aprendi muito, e não há dúvida de que tornamos possível a criação de um clima facilitador de todo tipo de coisas criativas – nos níveis pessoal, interpessoal e grupal. Acredito que deixamos uma marca no Brasil, e o Brasil certamente nos transformou a todos. Certamente ampliamos a nossa visão sobre o que pode ser feito em grandes grupos.

Enfim, essas são algumas das atividades – todas extremamente úteis para mim – nas quais me engajei durante este período.

Assumir riscos

Nessas atividades houve, em cada caso, um elemento de risco. De fato, parece que em todas as experiências que mais valorizei recentemente em minha vida há sempre uma considerável dose de risco. Assim, gostaria de fazer uma pausa para refletir sobre as razões que me levam a assumir riscos.

Por que razão é-me atraente a busca do desconhecido, a aposta em algo novo, quando poderia facilmente instituir certos modos de trabalhar já consagrados pela experiência passada? Não sei se posso entender inteiramente o que se passa, mas posso ver uma série de fatores que determinam essa atitude.

O primeiro fator refere-se ao que considero como meu grupo de referência, o grupo sem fronteiras formado por meus amigos e colaboradores mais próximos, a maioria dos quais trabalhou comigo em algumas dessas atividades. Nas interações desse grupo, não há dúvida de que nós, real ou implicitamente, nos encorajamos mutuamente a fazer coisas novas ou a enfrentar desafios. Por exemplo, tenho certeza de que, individualmente, nenhum de nós teria ido tão longe, no Brasil, como nós cinco fomos, trabalhando juntos. Mas decidimos arriscar porque sabíamos que, se fracassássemos, teríamos colegas que acreditariam em nós, que nos ajudariam a unir novamente os pedaços. Demos coragem uns aos outros.

Um segundo elemento é a minha afinidade com a juventude e com o estilo de vida que os jovens estão tentando implantar. Não posso dizer por que tenho esta afinidade, mas sei que ela existe. Tenho escrito sobre esse homem do futuro que está nascendo e eu mesmo sinto atração por esse modo mais novo de ser e de viver. Cheguei a me perguntar se não estava embarcando numa ilusão ao descrever tal pessoa. Mas agora tenho uma confirmação: descobri que o Instituto de Pesquisas de Stanford (1973) concluiu um estudo no qual se estima que 45 milhões de americanos estão engajados num "estilo de vida que reflete as seguintes convicções: em primeiro lugar, é melhor ter coisas numa escala humana; em segundo lugar, é melhor viver de modo frugal, conservar, reciclar, do que desperdiçar; e em terceiro lugar, a *vida interior* é mais importante do que a exterior" (Mitchell, 1977). Pertenço a este grupo, e tentar viver dessa maneira é necessariamente arriscado e incerto.

Um outro fator: a segurança e a certeza aborrecem-me. Sei que minhas conferências ou artigos são às vezes muito bem recebidos pelo público. Concluo então que poderia fazer uma mesma conferência vinte vezes para vinte audiências diferentes e teria assegurada uma boa receptividade. Mas simplesmente não posso fazer isso. Se repito duas ou três vezes uma mesma conferência, acabo por ficar entediado comigo mesmo. Não suportaria repeti-la novamente. Poderia ganhar dinheiro, obter uma reação positiva, mas não posso fazê-lo. Fico entediado ao saber no que vai dar. Fico entediado de me ouvir falando sempre as mesmas coisas. Sinto necessidade de tentar algo novo.

Mas talvez a principal razão que me leva a arriscar seja a descoberta de que, ao fazê-lo, aprendo, quer eu fracasse ou seja bem-sucedido. Aprender, e especialmente aprender com a experiência, tem sido um elemento fundamental que faz com que minha vida valha a pena. Tal aprendizado me ajuda a crescer. Por isso, continuo a arriscar.

As publicações

Enquanto pensava nesta conferência, eu me perguntei: "O que produzi na década passada?" Fiquei muito surpreso com a resposta. A lista de minhas publicações, que minha secretária conserva atualizada, informa que escrevi quatro livros, uns quarenta textos menores e vários filmes, desde que fiz sessenta e cinco anos! Isto significa que publiquei ou produzi mais nessa década do que em qualquer outra. Simplesmente não posso acreditar!

Além disso, cada um dos livros trata de um assunto diferente, apesar de estarem ligados por uma filosofia comum. *Liberdade para Aprender*, de 1969, fala da minha concepção pouco convencional da Educação. Meu livro sobre grupos de encontro, publicado em 1970, contém o que aprendi sobre este assunto empolgante. Em 1972, foi publicado *Tornar-se um Casal*; este livro trata de muitos dos novos padrões de relacionamento entre um homem e uma mulher. Finalmente, *Carl Rogers on Personal Power* gira em torno da política que emerge da abordagem centrada na pessoa, à medida que é aplicada a várias outras áreas. Entre os artigos, quatro me vêm à mente – dois deles falam do futuro, e dois do passado. Um artigo sobre a empatia ("Uma maneira negligenciada de ser: a maneira empática")*consolida o que aprendi sobre este importante modo de ser. Gosto dele. Gosto também da leveza da minha exposição em "Precisamos de 'uma' realidade?" Os dois outros artigos são uma reflexão sobre minha filosofia das relações interpessoais ("Minha filosofia das relações interpessoais e como ela se desenvolveu")*e sobre minha carreira de psicólogo ("Em retrospecto: quarenta e seis anos")*.

Olho com admiração para esta onda de textos. Qual a explicação? Diferentes pessoas tiveram diferentes razões para escrever em seus últimos anos. Arnold Toynbee se perguntou: "O que é que me fez escrever? " E respondeu: *"A consciência.* Minha atitude em relação ao trabalho é americana, e não australiana. Continuar trabalhando, em tempo integral, é uma obrigação que me é imposta por minha consciência. Esta escravidão ao trabalho, por amor ao trabalho, é, suponho, irracional, mas pensar assim não me libertaria. Se eu fosse mais negligente, ou mesmo se apenas diminuísse o ritmo de trabalho, seria pressionado por minha consciência e ficaria infeliz e ansioso. Por isso suponho que este estímulo deva continuar a empurrar-me enquanto eu tiver alguma capacidade de trabalho" (Toynbee, 1969). Viver uma vida tão pressionada me parece muito triste. As razões de Toynbee certamente têm pouca semelhança com o que me motiva.

Sei que Abraham Maslow, nos anos que antecederam à sua morte, teve um motivo diferente para escrever. Ele viveu uma grande pressão interna pelo fato de sentir que ainda tinha muito a dizer. Esta necessidade de pôr tudo o que ainda havia a dizer no papel fez com que continuasse a escrever até o fim.

Minha visão é bastante diferente. Um amigo psicanalista, Paul Bergman, escreveu que ninguém tem mais do que uma idéia seminal na vida. Todos os escritos dessa pessoa são explicitações desse único tema. Concordo com ele e acho que minhas produções podem ser assim entendidas.

Certamente, o que me faz escrever é também o fato de que sou curioso. Gosto de explorar e ver as repercussões das idéias — tanto das minhas como das dos outros. Gosto de ser lógico e de acompanhar as ramificações de um pensamento. Estou profundamente envolvido com o mundo dos sentimentos, da intuição, e da comunicação não-verbal e verbal, mas gosto também de pensar e de escrever sobre esse mundo. Conceituar o mundo me ajuda a entender o seu significado.

Mas há ainda uma razão muito mais importante. Parece-me que ainda sou — internamente — aquele menino tímido que achava muito difícil a comunicação interpessoal. Aquele menino era mais eloqüente quando escrevia cartas de amor do que quando fazia declarações diretas ao ser amado.

---

*Ver Nota do Editor, p. VII.

Era capaz de se expressar livremente em redações escolares, mas se sentia desajeitado demais para dizer essas mesmas coisas em sala de aula. Aquele menino ainda responde por uma boa parte de mim. Escrever é o meu modo de me comunicar com um mundo ao qual sinto não pertencer inteiramente. Desejo muito ser compreendido, mas não tenho esperanças de sê-lo. O que escrevo é a mensagem que fecho numa garrafa e jogo ao mar. Meu espanto se deve ao fato de que muitas pessoas, em muitas praias — psicológicas e geográficas — têm achado as garrafas e descoberto que as mensagens lhes dizem respeito. Por isso, continuo a escrever.

As lições

Cuidando de mim

Eu sempre soube cuidar melhor dos outros do que de mim. Mas nesses últimos anos fiz alguns progressos.

Sempre fui uma pessoa muito *responsável*. Se alguém não está cuidando dos detalhes de um empreendimento ou das pessoas em um *workshop*, assumo a responsabilidade. Mas eu mudei. No *workshop* de 1976, realizado em Ashland, no Oregon, quando não estava me sentindo bem, e no de Arcozelo, no Brasil, deleguei toda a responsabilidade pela condução desses complexos empreendimentos e os deixei completamente nas mãos dos demais. Precisava cuidar de mim. Assim, abandonei toda responsabilidade, exceto a responsabilidade — e a satisfação — de ser eu mesmo. No meu caso, tratava-se de um sentimento incomum: ser confortavelmente irresponsável sem nenhum sentimento de culpa. E, para minha surpresa, percebi que eu era mais útil dessa maneira.

Passei a me cuidar mais do ponto de vista físico, de várias maneiras. Aprendi também a respeitar minhas necessidades psicológicas. Há três anos, um grupo de *workshop* ajudou-me a perceber o quanto eu me sentia perseguido e dirigido por demandas externas — "bicado por patos até a morte" — foi como uma pessoa expressou a questão, captando precisamente os meus sentimentos. Então fiz o que jamais havia feito antes: passei dez dias em uma casa de praia que me havia sido oferecida e me refiz. Descobri que adorei estar comigo. Eu *gosto* de mim.

Tenho sido mais capaz de pedir ajuda. Peço aos outros para carregar coisas para mim, para fazer coisas para mim, ao invés de provar que posso fazer sozinho. Posso também pedir ajuda pessoal. Quando Helen, minha mulher, ficou muito doente, eu estava a ponto de estourar, tendo que me desdobrar em enfermeira de tempo integral, em dona-de-casa, em profissional muito procurado e em escritor. Pedi ajuda — e a obtive — de um amigo terapeuta. Pesquisei e tentei ir ao encontro das minhas próprias necessidades. Entrei em contato com a tensão que este período estava exercendo sobre o nosso casamento. Percebi que era importante, para a minha sobrevivência, que eu vivesse a *minha* vida, e que isso devia vir em primeiro lugar, por mais que Helen estivesse doente. Não estou totalmente pronto a recorrer aos outros, mas estou muito mais consciente do fato de que não posso fazer tudo sozinho. Em todas essas situações, cuido e valorizo mais desta pessoa que sou eu.

Serenidade?

Freqüentemente os anos da velhice são considerados calmos e serenos. Acho que essa crença é ilusória. Acredito que eu tenha uma melhor perspectiva dos acontecimentos fora de mim, e por isso sou um observador mais objetivo do que já fui. Mas, em contraste com isto, os acontecimentos que me dizem respeito freqüentemente provocam uma reação muito mais forte do que teriam provocado anos atrás. Quando estou empolgado, atinjo as alturas. Quando estou preocupado, fico profundamente perturbado. As feridas parecem mais profundas, a dor é mais intensa, as lágrimas vêm mais facilmente, a alegria atinge picos maiores, e até mesmo a raiva – com a qual sempre tive problemas – é mais aguda. Emocionalmente, sou agora mais volúvel do que costumava ser. O espaço entre um sentimento de depressão e uma grande alegria parece maior, e cada estado é mais facilmente provocado.

Talvez essa inconstância seja devida ao meu estilo arriscado de viver. Talvez decorra de uma maior sensibilidade adquirida em grupos de encontro. Talvez seja uma característica da velhice, que tem sido pouco considerada. Não sei. Sei simplesmente que meus sentimentos são mais facilmente desencadeados, mais agudos. Sinto-me em contato mais íntimo com todos eles.

Abertura para idéias novas

Durante esses anos, creio que tenho estado mais aberto a novas idéias. As que se me afiguram mais importantes dizem respeito ao espaço interno – o reino dos poderes psicológicos e das habilidades psíquicas da pessoa humana. A meu ver, esta área constitui a nova fronteira do conhecimento, o gume da descoberta. Há dez anos, eu não faria esta afirmação. Mas as leituras, a experiência e os diálogos com pessoas que trabalham nesse campo mudaram a minha visão. Os seres humanos potencialmente dispõem de uma gama enorme de poderes intuitivos. Somos, na verdade, mais sábios do que nossos intelectos. Há muitas provas disso. Estamos aprendendo que lamentavelmente temos negligenciado as possibilidades "da mente metafórica", não-racional, criativa – o lado direito do cérebro. O *biofeedback* veio nos mostrar que se nos permitirmos funcionar de um modo mais relaxado, menos consciente, aprenderemos a controlar, até certo ponto, a temperatura, os batimentos cardíacos e todo tipo de funções orgânicas. Descobrimos que muitos pacientes com câncer em estado adiantado experimentam uma surpreendente melhora quando submetidos a um treinamento intensivo de meditação e de fantasias que tenham como conteúdo a superação da doença.

Estou aberto a fenômenos ainda mais misteriosos — a premonição, a telepatia, a clarividência, as auras humanas, as fotografias kirlianas, e até mesmo as experiências que se dão fora do corpo. Estes fenômenos podem não corresponder às leis científicas conhecidas, mas talvez estejamos no caminho da descoberta de uma nova ordem, regida por outros tipos de leis. Sinto que estou aprendendo muito com uma nova área de conhecimentos, e considero esta experiência agradável e empolgante.

Intimidade

Nos últimos anos, tenho me achado mais aberto a uma maior intimidade em minhas relações. Creio que esta mudança se deve às experiências vividas nos *workshops*. Estou mais preparado para tocar e ser tocado fisicamente. Abraço e beijo mais do que antes, tanto aos homens como às mulheres. Estou mais consciente do lado sensual da minha vida. Percebo também que desejo muito um maior contato psicológico com as pessoas. Reconheço o quanto preciso me interessar por alguém e receber o mesmo tipo de interesse em troca. Posso dizer abertamente o que sempre percebi de maneira vaga: que meu profundo envolvimento com a psicoterapia era na verdade um modo cauteloso de atender a essa necessidade de intimidade, sem me arriscar muito. Agora quero estar mais próximo das pessoas e arriscar a me dar mais. É como se uma nova e profunda capacidade de intimidade tivesse sido descoberta em mim. Esta capacidade trouxe-me muita dor, mas também uma possibilidade muito maior de compartilhar a alegria.

De que modo essas mudanças afetaram o meu comportamento? Desenvolvi relações mais íntimas e mais profundas com os homens: tenho sido capaz de compartilhar sem reservas, confiando na solidez da amizade. Somente nos tempos de universidade — nunca antes ou depois — tive um grupo de amigos homens, nos quais confiei e dos quais fui íntimo. Por isso, o que está ocorrendo comigo é uma evolução nova, experimental e ousada que me parece muito compensadora. Minha comunicação com as mulheres também é muito mais íntima. Existem agora algumas mulheres com as quais mantenho relações platônicas mas psicologicamente íntimas, que têm um enorme valor para mim.

Com esses amigos próximos, homens e mulheres, posso compartilhar qualquer aspecto de meu eu — os sentimentos de dor, de alegria, de insegurança, de medo, os sentimentos loucos, egoístas, autodepreciativos. Posso compartilhar sonhos e fantasias. Do mesmo modo, meus amigos compartilham profundamente comigo seus próprios sentimentos. Considero essas experiências muito enriquecedoras.

Em meu casamento de tantos anos, e nessas amizades, continuo a aprender sobre o reino da intimidade. Tenho uma consciência cada vez mais aguda dos momentos em que estou sofrendo ou sentindo raiva, frustração e rejeição, bem como da intimidade que nasce do compartilhar idéias ou da satisfação de ser compreendido e aceito. Aprendi como é difícil enfrentar, com sentimentos negativos, as pessoas de quem gosto. Aprendi que num relacionamento, as expectativas podem se transformar facilmente em exigências. Descobri que uma das coisas mais difíceis é gostar de uma pessoa (não importa o que ela *seja*) naquele momento, na relação. É tão mais fácil gostar de uma pessoa pelo que se *pensa* que ela é, ou se *desejaria* que fosse, ou se acha que *deveria* ser! Gostar da pessoa pelo que *ela* é, deixando de lado as expectativas do que quero que ela seja, deixando de lado meu desejo de adaptá-la às minhas necessidades, é uma maneira muito mais difícil, porém mais enriquecedora de viver uma relação íntima satisfatória.

Tudo isso constitui uma parte de minha vida que mudou na última década. Sinto-me mais aberto para a intimidade e para o amor.

Alegrias e dificuldades pessoais

Nesse período, tive algumas experiências difíceis e muitas agradáveis. A maior tensão girou em torno da doença de Helen, muito grave nos últimos cinco anos. Ela enfrentou com grande coragem a dor e as restrições à sua vida. Suas limitações colocaram novos problemas para cada um de nós – problemas psicológicos e físicos que continuamos a enfrentar. Foi um período muito difícil em que se alternaram desespero e esperança, com predomínio desta última.

Helen tem feito muitos progressos com imensa força de vontade, na luta pela recuperação de uma vida mais normal, que gire em torno de seus próprios objetivos. Mas não tem sido fácil. Ela precisou decidir, antes de mais nada, se desejava viver, se havia algum sentido em viver. Depois, eu a magoei e frustrei pelo fato de viver minha própria vida, independente da dela. Enquanto ela esteve muito doente, senti-me sobrecarregado por nossa estreita união, reforçada por sua necessidade de cuidados. Por isso, resolvi, em nome da minha sobrevivência, que viveria a minha vida. Ela ainda se sente magoada por isso e pela mudança de meus valores. De sua parte, ela está deixando de lado o antigo modelo de esposa protetora. Esta mudança a expõe à raiva que tem de mim e da sociedade por termos lhe atribuído esse papel socialmente aceito. De minha parte, rebelo-me diante de qualquer tentativa de retornar à antiga união: resisto obstinadamente a qualquer coisa que se pareça com controle. Por isso há, mais do que nunca, muitas tensões e dificuldades em nosso relacionamento, mais sentimentos que temos que trabalhar, mas há também mais honestidade, à medida que lutamos para construir novas formas de vivermos juntos.

Assim, esse período foi marcado por lutas e tensões. Mas também conteve uma profusão de experiências positivas. Houve a celebração de nossas bodas de ouro, há três anos – muitos dias de alegria com nossos filhos, nossa nora, e todos os nossos seis netos. O fato de que nosso filho e nossa filha não são somente os nossos descendentes, mas são dois de nossos amigos mais próximos, com quem compartilhamos nossa vida íntima, é motivo de grande alegria. Tivemos muitas conversas íntimas com eles, individualmente, e conversas semelhantes com amigos de outras partes do país. Há uma contínua aproximação entre nós e nosso grupo de amigos — todos eles mais jovens.

Vivi os prazeres da jardinagem e dos longos passeios a pé. Houve honrarias e prêmios em maior número do que creio merecer. O mais tocante foi o título *honoris causa* que recebi da Universidade de Leiden, por ocasião de seu quarto centenário, e que me foi entregue por um emissário especial desta antiga casa de ensino holandesa. Houve dúzias de cartas muito pessoais, escritas por pessoas cujas vidas tinham sido atingidas ou mudadas por meus livros, o que sempre me surpreende. Parece-me quase inacreditável — um pouco mágico, talvez — que eu tenha desempenhado um papel importante na vida de um homem da África do Sul, ou de uma mulher nos confins da Austrália.

Reflexões sobre a morte

E, então, há o fim da vida. Talvez lhes surpreenda o fato de, na minha idade, eu pensar muito pouco sobre a morte. O interesse generalizado por este assunto surpreende-me.

Há dez ou quinze anos atrás, eu tinha a certeza de que a morte representava o fim de tudo. Eu ainda encaro esta perspectiva como a mais provável. No entanto, não me parece trágica ou terrível. Tenho sido capaz de *viver* — não de modo total, mas com um grau de plenitude bastante satisfatório — e me parece natural que minha vida chegue a um fim. Já atingi, nas outras pessoas, um certo grau de imortalidade. Já disse algumas vezes que, psicologicamente, tenho filhos e filhas vigorosos em todo o mundo. Acredito também que as idéias e as maneiras de viver que eu e outros ajudamos a desenvolver continuarão, pelo menos, por algum tempo. Se eu, como indivíduo, acabar por completo, haverá aspectos meus que ainda viverão sob várias formas de desenvolvimento, o que não deixa de ser uma perspectiva agradável.

Acredito que ninguém pode saber se teme a morte antes que ela chegue. Certamente, a morte é o último mergulho no escuro, e creio que a apreensão que eu sinto quando vou ser anestesiado será duas vezes maior quando eu estiver diante da morte. Por enquanto, ainda não tenho um medo realmente profundo da morte. Até onde posso perceber, meu medo relaciona-se com as circunstâncias em que poderá se dar. Tenho terror de qualquer doença longa e penosa que leva à morte. Odeio pensar na senilidade ou num distúrbio cerebral parcial devido a um derrame. Prefiro morrer rapidamente, antes que seja tarde demais para morrer com dignidade. Penso, por exemplo, em Winston Churchill. Não lamentei sua morte. Lamentei o fato de que ela não tivesse ocorrido mais cedo, quando ele poderia ter morrido com a dignidade que merecia.

A minha crença de que a morte é o fim foi modificada, no entanto, por coisas que aprendi na década passada. Fiquei impressionado com os relatos de Raymond Moody (1975) sobre as experiências com pessoas que estiveram próximas da morte a ponto de serem declaradas mortas, mas que voltaram à vida. Impressionaram-me alguns relatos sobre reincarnação, embora eu considere uma bênção muito duvidosa. Interesso-me pelos trabalhos de Elisabeth Kübler-Ross e por suas conclusões sobre a vida após a morte. Acho muito interessante a concepção de Arthur Koestler, segundo a qual nossa consciência individual não passa de um fragmento da consciência cósmica, reabsorvido por ela depois da morte do indivíduo. Gosto da analogia do indivíduo com um rio que corre, com o passar do tempo, em direção às águas do mar e abandona seu leito lamacento ao atingir o mar ilimitado.

Assim, considero a morte como uma abertura para a experiência. Ela será o que tiver que ser, e estou certo de que a aceitarei, quer ela seja um fim, quer uma continuação da vida.

Conclusão

Reconheço que fui excepcionalmente feliz em relação à minha saúde, ao meu casamento, à minha família, a meus amigos estimulantes e jovens, à receptividade inesperada de meus livros. Por isso não sou, absolutamente, um homem típico.

Mas para mim, estes últimos dez anos foram fascinantes — repletos de acontecimentos empolgantes. Fui capaz de me abrir a novas idéias, novos sentimentos, novas experiências, novos riscos. Descobri cada vez mais que estar vivo envolve riscos, significa agir com pouca certeza, significa compromisso com a vida.

Tudo isso traz mudanças e para mim o processo de mudança *é* a vida. Acho que se vivesse de modo estático, estável, pronto, seria um morto-vivo. Assim, aceito a confusão, a incerteza, o medo e os altos e baixos emocionais porque são o preço que quero pagar para ter uma vida estimulante, fluente e perturbadora.

Quando examino todas as décadas da minha existência, encontro apenas uma outra — o período em que trabalhei no Centro de Aconselhamento da Universidade de Chicago — comparável a esta. Nela também houve riscos, aprendizagem, crescimento pessoal e enriquecimento. Mas foi também um período de profunda insegurança pessoal e de uma luta profissional extenuante, muito mais difícil do que a desses últimos anos. Acredito por isso que estou sendo honesto quando afirmo que, entre todas, esta foi a melhor década de minha vida. Pude, cada vez mais, ser eu mesmo e gostei de fazer exatamente isso.

Quando menino fui um pouco doentio, e meus pais me contaram que havia uma previsão de que eu morreria jovem. Esta previsão mostrou-se totalmente falsa, num certo sentido, mas profundamente verdadeira em outro. É correto afirmar que jamais viverei para ser velho. Por isso, atualmente concordo com essa previsão: acredito que morrerei *jovem.*

Atualização — 1979

Decidi completar este capítulo concentrando-me em 1979 — um ano bastante movimentado, no qual a dor, o luto, a mudança, a satisfação e o risco marcaram a sua presença.

Vivendo o processo de morrer

Nos dezoito meses que antecederam à morte de minha mulher, em março de 1979, houve uma série de experiências em que Helen, eu e alguns amigos estivemos envolvidos. Estas experiências mudaram decididamente minhas concepções e sentimentos sobre a morte e a continuação do espírito. Foram experiências intensamente pessoais, e algum dia escreverei mais detalhadamente sobre elas. Por hora, posso apenas esboçá-las. A história que se segue se refere sobretudo a Helen, mas focalizarei a minha vivência desta experiência.

Helen era muito cética em relação a fenômenos psíquicos e à imortalidade. Mas fomos convidados a visitar uma médium honesta, que não cobraria pela consulta. Lá, Helen experimentou, e eu observei, um "contato" com sua irmã já falecida, envolvendo fatos de que a médium não poderia ter conhecimento. As mensagens eram extraordinariamente convincentes e vieram através das batidas de uma sólida mesa, que soletrava as palavras. Mais tarde, quando a médium veio à minha casa e *minha própria mesa* soletrou mensagens em nossa sala de estar, só me restava ceder diante de uma experiência incrível e certamente não-fraudulenta.

Helen teve ainda algumas visões e sonhos com pessoas de sua família, o que a fez pensar cada vez mais que seria bem recebida "do outro lado". Quando a morte estava mais próxima, ela viu figuras malignas e o próprio diabo rondando sua cama, no hospital. Mas quando um amigo sugeriu que estas talvez fossem criações de sua mente, Helen mandou-os embora, dizendo ao diabo que ele havia cometido um erro ao vir, pois não iria embora com ele. Ele não voltou a aparecer.

Ainda nesses últimos dias, Helen viu uma luz branca e inspiradora que se aproximou dela, levantou-a da cama e depois a deitou novamente.

Como já disse, nestes últimos anos a distância entre nós crescera muito. Queria cuidar dela, mas não tinha mais certeza de que a amava. Um dia, quando ela estava muito perto de morrer, senti uma agitação interna que não podia entender. Quando fui ao hospital para lhe dar o jantar, como fazia sempre, vi-me de repente dizendo a ela que a havia amado muito, que ela significara muito para mim e que ela havia contribuído imensamente para manter a nossa longa união. Senti que já havia dito todas essas coisas para ela antes, mas naquela noite tiveram uma intensidade e sinceridade que nunca haviam tido antes. Disse-lhe que não se sentisse obrigada a viver, que tudo estava bem com sua família e que ela devia se sentir livre para viver ou morrer, como *ela* o desejasse. Disse também que esperava que a luz branca voltasse naquela noite.

Evidentemente, eu a estava libertando da idéia de que devia viver — para os outros. Mais tarde soube que, quando a deixei, ela chamou as enfermeiras daquele andar, agradeceu-lhes por tudo o que haviam feito por ela e lhes disse que ia morrer.

Pela manhã, ela estava em coma e na manhã seguinte morreu em paz, enquanto sua filha segurava-lhe a mão, diante de mim e de muitos amigos.

Naquela noite, alguns amigos tiveram uma sessão com aquela médium. Logo entraram em contato com Helen, que respondeu a muitas perguntas: ela havia ouvido tudo que se dissera enquanto estava em coma; ela havia visto a luz branca e espíritos vindo em direção a ela; estava em contato com sua família; ela tinha agora o aspecto de uma mulher jovem; sua morte havia sido pacífica e indolor.

Todas essas experiências que estou mais sugerindo do que propriamente descrevendo, neste capítulo, tornaram-me muito mais aberto à hipótese da continuação do espírito humano, coisa que jamais acreditei ser possível. Estas experiências provocaram em mim um grande interesse por todo tipo de fenômenos paranormais. Modificaram completamente minha concepção do processo da morte. Agora considero possível que cada um de nós seja uma essência espiritual contínua, que se mantém através dos tempos e que ocasionalmente se encarna num corpo humano.

É óbvio que todas essas considerações contrastam frontalmente com algumas passagens deste capítulo, escrito há apenas dois anos atrás.

Atividade e risco

Apesar da morte de Helen, talvez em parte por causa disso, aceitei muitos convites para participar, com outros membros da equipe, de *workshops* aqui e no exterior. A lista inclui um *workshop* para educadores na Venezuela; um outro, grande e turbulento, perto de Roma, com uma equipe internacional; uma breve porém profunda experiência em Paris, num treinamento para facilitadores de grupo; um *workshop* centrado-na-pessoa bastante gratificante, em Long Island (pela segunda vez, com a mesma equipe do leste); um *workshop* centrado-na-pessoa em Princeton, com muitos participantes estrangeiros; um *workshop* fascinante na Polônia, levado a efeito próximo a Varsóvia; e um *workshop* lindamente fluente sobre "Transições da Vida", em Pawling, Nova York. Além dessas atividades, escrevi alguns dos artigos incluídos neste livro.

Gostaria de comentar dois desses trabalhos mencionados. O *workshop* de Princeton, que contou com a participação de noventa pessoas, foi talvez o mais difícil de todos os *workshops* de que já participei. Mesmo assim, pelo menos um dos membros da equipe considerou-o como o melhor entre todos os que já havíamos feito. Para mim, foi bastante penoso, e senti que o grupo apenas chegou perto de se tornar uma comunidade.

Identifico alguns fatores como responsáveis pelo fato de o *workshop* ter sido uma experiência penosa. A equipe havia decidido que aquele sétimo *workshop* centrado na pessoa seria o último da série. Sentíamo-nos muito próximos uns dos outros, mas estávamos nos movendo em diferentes direções e não queríamos que esses *workshops* se transformassem em uma experiência de rotina. A equipe, dada a sua longa experiência conjunta, estava provavelmente mais aberta a sentimentos negativos, hostis e críticos — e esses sentimentos estavam sendo expressos em abundância pelos participantes, que os dirigiam a si mesmos e à equipe. Havia muitos participantes procedentes de outros países, e seu desprezo e raiva em relação aos participantes americanos e aos EUA eram claramente expressos. Havia duas pessoas que sabiam exatamente como o *workshop* deveria ser conduzido. As duas concepções eram bem diferentes, mas eram ambas radicalmente opostas à nossa proposta de realizar um trabalho não-estruturado. Cada uma delas atraiu seguidores, mas não em número suficiente para alterar os rumos do *workshop*. Havia também muitos participantes que mostravam sinais de uma profunda perturbação pessoal.

Quando todos esses fatores foram acrescentados ao caos inerente de um grupo grande em busca de seu próprio programa e de seu próprio caminho, o resultado foi horrível. Frustração e raiva surgiam com freqüência. Quando alguns membros tentavam caminhos mais positivos e criativos, eram barrados por outros. Era justo duvidar que estes indivíduos pudessem ser sensatos e usar seu poder de modo construtivo. Éramos todos nossos piores inimigos. Somente ao fim de dez dias começaram a aparecer os primeiros sinais de uma unidade na divergência, de uma comunhão construída a partir da diversidade. E, para minha surpresa, muitos participantes escreveram-nos depois para contar sobre mudanças e aprendizagens positivas que nasceram da dor, da turbulência — e da proximidade. Eu também aprendi, mas foi uma lição difícil.

O *workshop* polonês foi incomum por uma série de razões. Mal podia acreditar no grau de interesse em meu trabalho, que reuniu noventa pessoas, profissionais e não-profissionais. A equipe polonesa sentia-se insegura, de modo que os quatro americanos presentes tiveram que agir como facilitadores. Isto, na ocasião, me desapontou, pois eu esperava uma maior liderança por parte dos poloneses. No meio da semana em que se deu o *workshop*, à medida que começaram a sentir e a usar melhor o seu poder, as pessoas, principalmente os profissionais, o usaram muitas vezes para ferir os outros.

Diagnósticos e rótulos cruéis, rasteiras habilidosas tornaram-se comuns. Para mim, aquele *workshop* começou a se parecer com o de Princeton e eu pensei: "De novo! Não!" Mas graças a um membro da equipe, uma mulher polonesa extremamente honesta, as pessoas começaram a tomar consciência das conseqüências de tal comportamento e o abandonaram. No final da semana, éramos uma comunidade unida e cheia de amor.

Não tinha consciência do que havia realmente ocorrido até receber a carta de um participante, alguns meses depois, de onde extraí o seguinte trecho: "As pessoas aqui falam do 'evento histórico' que teve lugar em Leskarzev — pessoas tão diferentes, tantos profissionais, psiquiatras e psicólogos (cada um deles se acreditando dono da única verdade sobre a relação de ajuda), odiando-se e pondo abaixo uns aos outros constantemente — todos eles agora integrados mas sem perderem sua própria personalidade, sem qualquer imposição". Fico contente de não ter sabido antes das rivalidades profissionais e da maledicência que havia entre eles.

Constatei que se tratava de um grupo muito sofisticado, inteligente, e mais acadêmico do que um grupo americano equivalente. Apesar de viverem em um país socialista, seus problemas, sentimentos, suas formas de lidar com situações, seu desejo de abertura e de integridade pareceram-me semelhantes aos que encontrei em todos os países.

Assuntos pessoais

À medida que se aproximava o fim do ano, tornava-me cada vez mais consciente de minha capacidade de amar, de minha sensualidade, de minha sexualidade. Considero-me afortunado por poder descobrir e construir relações nas quais essas necessidades puderam encontrar expressão. Houve dor e mágoa, mas também alegria e profundidade.

O ano foi coroado no dia 8 de janeiro de 1980, quando um grande grupo de amigos veio à minha casa, trazendo comida, bebida, música e surpresas para celebrar meu septuagésimo oitavo aniversário. Foi uma festa turbulenta, maravilhosa, alegre — cheia de amor, carinho, amizade e felicidade — que jamais esquecerei.

Por tudo isto, eu acredito que a segunda parte do título deste capítulo ainda se aplica a mim. Sinto-me como alguém que envelhece crescendo.

Referências bibliográficas

Mitchell, A. Citado no *Los Angeles Times*, February 28, 1977.
Moody, R. A., Jr. *Life after life*. New York: Bantam Books, 1975.
Stanford Research Institute. *Changing images of man*. Policy Research Report n.º 3. Menlo Park, Califórnia, 1973.
Toynbee, A. Why and how I work. *Saturday Review*, April 5, 1969, p. 22.

Parte II

Aspectos de uma abordagem centrada na pessoa

3

Os fundamentos de uma abordagem centrada na pessoa

Este é um capítulo fundamental, com raízes no passado e no presente. Para escrevê-lo, utilizei-me de um artigo (1963) que contribuiu muito para o esclarecimento de minhas idéias na época. A segunda fonte pode ser encontrada numa idéia embrionária que germinou numa conferência sobre a teoria da psicologia humanística, realizada no início dos anos setenta e que resultou num artigo, "A tendência formativa" (1978). Apesar de ter reconhecido minha dívida para com Lancelot Whyte, um historiador britânico das idéias, fiquei surpreso ao saber, mais tarde, que idéias quase idênticas poderiam ser encontradas num livro muito anterior, da autoria de Jan Christian Smuts (1926), o lendário guerreiro, acadêmico e primeiro-ministro sul-africano. Depois de uma derrota política que encerrou o seu primeiro mandato como primeiro-ministro, ele escreveu esse livro, cujo tema é a "tendência integradora, holística... registrada em todos os estágios da existência... algo fundamental no universo..." Mais tarde, Alfred Adler (1933) utilizou o conceito de tendência holística de Smuts para fundamentar sua concepção de que "não pode haver mais nenhuma dúvida de que tudo o que chamamos corpo traz em si uma luta para se tornar um todo". Agradeço ao Dr. Heinz Ansbacker, professor da Universidade de Vermont e seguidor da teoria adleriana, por ter chamado minha atenção para esses pensadores que me antecederam. A descoberta de que a força holística — quase totalmente ignorada pelos cientistas — já fora compreendida há muito tempo por esses pensadores veio confirmar minhas idéias.

A terceira fonte desse artigo foi a leitura que fiz de três autores que se encontram no limite extremo da ciência atual: Fritjof Capra, um físico teórico; Magohah Murayama, um filósofo da ciência; e Ilya Prigogine, um químico-filósofo ganhador do Prêmio Nobel.

Portanto, este artigo baseia-se em muitas fontes e integra essas idéias antigas e recentes na estrutura do modo de ser centrado na pessoa. O que tentei fazer foi colocar em linguagem simples alguns conceitos profundos que

---

Tradução de Maria Cristina Machado Kupfer.

devo a outros autores, cujas sementes se encontram tanto no passado como no presente.

Senti uma real satisfação ao escrever este capítulo e estou feliz em apresentá-lo.

*

Gostaria de destacar duas tendências que tiveram uma importância cada vez maior em meu pensamento, à medida que os anos passaram. Uma delas é a tendência à realização, uma caracaterística da vida orgânica. A outra é a tendência formativa, característica do universo como um todo. Juntas, elas constituem a pedra fundamental da abordagem centrada na pessoa.

Características da abordagem centrada na pessoa

O que entendo por abordagem centrada na pessoa? Este é o tema principal de toda a minha vida profissional, que foi adquirindo contornos mais claros a partir da experiência, da interação com outras pessoas e da pesquisa. Sorrio quando penso nos diversos rótulos que dei a esse tema no decorrer de minha carreira — aconselhamento não-diretivo, terapia centrada no cliente, ensino centrado no aluno, liderança centrada no grupo. Como os campos de aplicação cresceram em número e variedade, o rótulo "abordagem centrada na pessoa" parece ser o mais adequado.

A hipótese central dessa abordagem pode ser colocada em poucas palavras. (Em Rogers, 1959, encontra-se uma exposição mais completa.) Os indivíduos possuem dentro de si vastos recursos para a autocompreensão e para modificação de seus autoconceitos, de suas atitudes e de seu comportamento autônomo. Esses recursos podem ser ativados se houver um clima, passível de definição, de atitudes psicológicas facilitadoras.

Há três condições que devem estar presentes para que se crie um clima facilitador de crescimento. Estas condições se aplicam indiferentemente à relação terapeuta-paciente, pais-filhos, líder e grupo, administrador e equipe. Estas condições se aplicam, na realidade, a qualquer situação na qual o objetivo seja o desenvolvimento da pessoa. Já descrevi essas condições em outros trabalhos. Apresento aqui um pequeno resumo do ponto de vista da psicoterapia, mas a descrição se aplica a todas as relações mencionadas.

O primeiro elemento poderia ser chamado de autenticidade, sinceridade ou congruência. Quanto mais o terapeuta for ele mesmo na relação com o outro, quanto mais puder remover as barreiras profissionais ou pessoais, maior a probabilidade de que o cliente mude e cresça de um modo construtivo. Isto significa que o terapeuta está vivendo abertamente os sentimentos e atitudes que fluem naquele momento. O termo "transparente" expressa bem a essência dessa condição: o terapeuta ou a terapeuta se faz transparente para o cliente. O cliente pode ver claramente o que o terapeuta é na relação: o cliente não se defronta com qualquer resistência por parte do terapeuta. Do mesmo modo que para o terapeuta, o que o cliente ou a cliente vive pode se tornar consciente, pode ser vivido na relação e pode ser comunicado se for conveniente. Portanto, dá-se uma grande correspondência, ou congruência, entre o que está sendo vivido em nível profundo, o que está presente na consciência e o que está sendo expresso pelo cliente.

A segunda atitude importante na criação de um clima que facilite a mudança é a aceitação, o interesse ou a consideração — aquilo que chamo de "aceitação incondicional". Quando o terapeuta está tendo uma atitude positiva, aceitadora, em relação ao que quer que o cliente *seja* naquele momento, a probabilidade de ocorrer um movimento terapêutico ou uma mudança aumenta. O terapeuta deseja que o cliente expresse o sentimento que está ocorrendo no momento, qualquer que ele seja — confusão, ressentimento, medo, raiva, coragem, amor ou orgulho. Este interesse por parte do terapeuta não é possessivo. O terapeuta tem uma consideração integral e não condicional pelo cliente.

O terceiro aspecto facilitador da relação é a compreensão empática. Com isso quero dizer que o terapeuta capta com precisão os sentimentos e significados pessoais que o cliente está vivendo e comunica essa compreensão ao cliente. Quando está em sua melhor forma, o terapeuta pode entrar tão profundamente no mundo interno do paciente que se torna capaz de esclarecer não só o significado daquilo que o cliente está consciente como também do que se encontra abaixo do nível de consciência. Este tipo de escuta ativa e sensível é extremamente raro em nossas vidas. Pensamos estar ouvindo, mas muito raramente ouvimos e compreendemos verdadeiramente, com real empatia. E, no entanto, esse modo tão especial de ouvir é uma das forças motrizes mais poderosas que conheço.

De que modo este clima que acabo de descrever leva à mudança? Resumidamente, eu diria que se as pessoas são aceitas e consideradas, elas tendem a desenvolver uma atitude de maior consideração em relação a si mesmas. Quando as pessoas são ouvidas de modo empático, isto lhes possibilita ouvir mais cuidadosamente o fluxo de suas experiências internas. Mas à medida que uma pessoa compreende e considera o seu eu, este se torna mais congruente com suas próprias experiências. A pessoa torna-se então mais verdadeira, mais genuína. Essas tendências, que são a recíproca das atitudes do terapeuta, permitem que a pessoa seja uma propiciadora mais eficiente de seu próprio crescimento. Sente-se mais livre para ser uma pessoa verdadeira e integral (Rogers, 1962).

As evidências que fundamentam a abordagem centrada na pessoa

Há um grande número de resultados de pesquisas que demonstram que quando essas condições facilitadoras estão presentes, ocorrem mudanças efetivas na personalidade e no comportamento. Estas pesquisas vêm sendo realizadas desde 1949. Alguns estudos focalizaram os benefícios proporcionados, pela psicologia centrada no cliente, a esquizofrênicos e pessoas perturbadas. Outros detiveram-se na facilitação da aprendizagem escolar. E outros, ainda, à melhora havida em outros tipos de relação interpessoal. Há pesquisas excelentes e pouco conhecidas, realizadas por Aspy (1972), Aspy e Roebuck (1976), e outras, no campo da educação, além das levadas a efeito por Tausch e colaboradores, na Alemanha, em vários campos diferentes (Tausch, 1978, resumo).

Um processo direcional na vida

A prática, a teoria e a pesquisa deixam claro que a abordagem centrada no cliente baseia-se na confiança em todos os seres humanos e em todos os organismos. Há provas advindas de outras disciplinas que autorizam uma afirmação ainda mais ampla. Podemos dizer que em cada organismo, não importa em que nível, há um fluxo subjacente de movimento em direção à realização construtiva das possibilidades que lhe são inerentes. Há também nos seres humanos uma tendência natural a um desenvolvimento mais completo e mais complexo. A expressão mais usada para designar esse processo é "tendência realizadora", presente em todos os organismos vivos.

Quer falemos de uma flor ou de um carvalho, de uma minhoca ou de um belo pássaro, de uma maçã ou de uma pessoa, creio que estaremos certos ao reconhecermos que a vida é um processo ativo, e não passivo. Pouco importa que o estímulo venha de dentro ou de fora, pouco importa que o ambiente seja favorável ou desfavorável. Em qualquer uma dessas condições, os comportamentos de um organismo estarão voltados para a sua manutenção, seu crescimento e sua reprodução. Essa é a própria natureza do processo a que chamamos vida. Esta tendência está em ação em todas as ocasiões. Na verdade, somente a presença ou ausência desse processo direcional total permite-nos dizer se um dado organismo está vivo ou morto.

A tendência realizadora pode, evidentemente, ser frustrada ou desvirtuada, mas não pode ser destruída sem que se destrua também o organismo. Lembro-me de um episódio da minha meninice, que ilustra essa tendência. A caixa em que armazenávamos nosso suprimento de batatas para o inverno era guardada no porão, vários pés abaixo de uma pequena janela. As condições eram desfavoráveis, mas as batatas começavam a germinar — eram brotos pálidos e brancos, tão diferentes dos rebentos verdes e sadios que as batatas produziam quando plantadas na terra, durante a primavera. Mas esses brotos tristes e esguios cresceram dois ou três pés em busca da luz distante da janela. Em seu crescimento bizarro e vão, esses brotos eram uma expressão desesperada da tendência direcional de que estou falando. Nunca seriam plantas, nunca amadureceriam, nunca realizariam seu verdadeiro potencial. Mas sob as mais adversas circunstâncias, estavam tentando ser uma planta.

A vida não entregaria os pontos, mesmo que não pudesse florescer. Ao lidar com clientes cujas vidas foram terrivelmente desvirtuadas, ao trabalhar com homens e mulheres nas salas de fundo dos hospitais do Estado, sempre penso nesses brotos de batatas. As condições em que se desenvolveram essas pessoas têm sido tão desfavoráveis que suas vidas quase sempre parecem anormais, distorcidas, pouco humanas. E, no entanto, pode-se confiar que a tendência realizadora está presente nessas pessoas. A chave para entender seu comportamento é a luta em que se empenham para crescer e ser, utilizando-se dos recursos que acreditam ser os disponíveis. Para as pessoas saudáveis, os resultados podem parecer bizarros e inúteis, mas são uma tentativa desesperada da vida para existir. Esta tendência construtiva e poderosa é o alicerce da abordagem centrada na pessoa.

Alguns exemplos que confirmam a existência do processo direcional

Não sou o único a ver na tendência à auto-realização a resposta fundamental à questão do que faz um organismo "pulsar". Goldstein (1974), Maslow (1954), Angyal (1941, 1965), Szent-Gyoergyi (1974), entre outros, defenderam concepções semelhantes e exerceram influências sobre meu modo de pensar. Em 1963, ressaltei que esta tendência implica num desenvolvimento em direção à diferenciação dos órgãos e das funções; implica em crescimento através da reprodução. Szent-Gyoergyi afirma não poder explicar os mistérios do desenvolvimento biológico "sem supor um 'impulso' natural, na matéria viva, em direção ao aperfeiçoamento" (p. 17). O organismo, em seu estado normal, busca a sua própria realização, a auto-regulação e a independência do controle externo.

Mas será que esta concepção é confirmada por outros tipos de dados? Dispomos de alguns trabalhos, na Biologia, que fundamentam o conceito de tendência auto-realizadora. Hans Driesch realizou, há muitos anos atrás, um experimento, replicado com outras espécies, tendo como sujeitos ouriços do mar. Driesch separou as duas células que se formam após a primeira divisão do ovo fertilizado. Se tivessem se desenvolvido normalmente, é claro que cada uma delas teria se transformado em uma parte do ouriço, sendo que ambas seriam necessárias à formação da criatura inteira. Portanto, parece igualmente óbvio que quando as duas células são cuidadosamente separadas e conseguem crescer, cada uma delas responderá apenas pela parte do ouriço que lhe cabe. Mas esta suposição desconsidera a tendência direcional e autorealizadora, característica de todo crescimento orgânico. Segundo o resultado encontrado, cada célula, conservada viva, se transforma em uma larva de ouriço do mar, inteira — um pouco menor do que o comum, mas normal e completa.

Escolhi este exemplo porque se assemelha muito à minha experiência com indivíduos em relações de terapia individual, na facilitação de grupos intensivos, na promoção da "liberdade para aprender" junto a alunos, nas salas de aula. Nessas situações, fico impressionado com a tendência que todo ser humano exibe em direção à totalidade, em direção à realização de suas potencialidades. A psicoterapia ou a experiência grupal não surtiram efeitos quando tentei criar no indivíduo algo que ainda não estava lá; no entanto, descobri que se criar as condições que permitem o crescimento, essa tendência direcional positiva leva a resultados positivos. Aquele cientista, diante do ouriço dividido, estava na mesma situação. Ele não podia determinar que a célula se desenvolvesse nessa ou naquela direção, mas quando se concentrou na tarefa de criar as condições para sua sobrevivência e seu crescimento, a tendência ao crescimento e a direção do crescimento, provenientes do interior do organismo, tornaram-se evidentes. Não consigo imaginar uma analogia mais adequada para as situações de terapia e de grupo. Quando consigo criar um fluido amniótico psicológico surge movimento para a frente, de natureza construtiva.

Provas fornecidas pela teoria e pela prática modernas

Pentony (artigo não publicado, 1978) afirma veementemente que os que acreditam na tendência à auto-realização "não precisam temer conflitos com a ciência ou com as modernas teorias do conhecimento" (p. 20). Ele descreve as diversas correntes epistemológicas mais recentes, particularmente a de Murayama (1977). Sabe-se hoje que o "código genético" não contém todas as informações necessárias à especificação das características do organismo maduro. Ao invés disso, contém um *conjunto de regras* que determinam as interações entre as células em divisão. A quantidade de informações necessárias à codificação das regras é muito menor do que a que se faz necessária à orientação de cada aspecto do desenvolvimento maturacional. "Assim, a informação pode ser gerada dentro do sistema organísmico — a informação pode *crescer*." (Pentony, p. 9, grifo meu.) Daí se conclui que as células de ouriço marinho trabalhadas por Driesch estão, sem dúvida, seguindo as regras codificadas e, conseqüentemente, estão aptas a se desenvolverem de modo original, sem uma especificação prévia ou rígida.

Tudo isso se opõe frontalmente à epistemologia corrente das ciências sociais (possivelmente superada), segundo a qual uma "causa" é seguida de um "efeito" em uma só direção. Contrariamente, Murayama e outros autores acreditam que há interações *mútuas* de causa e efeito, que aumentam as possibilidades de desvio e permitem que se desenvolvam novos padrões e novas informações. Esta "epistemologia morfogenética" parece básica para o entendimento de todos os sistemas vivos, incluindo-se todos os processos de crescimento nos organismos. Murayama (1977) afirma que o entendimento da biologia "baseia-se no reconhecimento de que os processos biológicos são processos causais recíprocos e não processos casuais" (p. 130). Por outro lado, como ele mesmo diz em outra passagem, uma compreensão da Biologia *não* advém de uma epistemologia baseada num sistema de causa e efeito unívoco. Portanto, é fundamental repensar as bases estímulo e resposta, causa e efeito, nas quais repousa a maior parte das ciências sociais.

Os trabalhos realizados no campo da privação sensorial mostram a força dessa tendência do organismo em direção à ampliação das diferenças à criação de novas informações e de novos padrões. Certamente, a redução de tensão ou a ausência de estimulação estão longe de ser o estado desejado pelo organismo. Freud (1953) não poderia estar mais errado ao afirmar que: "O sistema nervoso é... um aparelho que deveria se manter, se fosse possível, num estado de completa não estimulação" (p. 63). Pelo contrário, quando privado de estímulos externos, o organismo humano produz uma torrente de estímulos internos, às vezes dos mais bizarros. Lilly (1972) foi um dos primeiros a relatar esse tipo de experiência, ao ser colocado num tanque de água à prova de som e sem gravidade. Ele relata a ocorrência de estados semelhantes à catalepsia, de experiências místicas, de uma sensação de estar sintonizado com redes de comunicação fora do alcance da consciência comum, e até mesmo de experiências que podem ser chamadas de alucinatórias. É evidente que quando recebe um mínimo absoluto de estímulos externos, a pessoa se abre para uma torrente de experiências que se situam em um nível muito além do da vida diária. Com certeza o indivíduo não sucumbe na homeostase, num equilíbrio passivo. Isto ocorre somente em organismos doentes.

Uma base de confiança

Portanto, estou convencido de que faz sentido dizer que o substrato de toda motivação é a tendência do organismo à auto-realização. Esta tendência pode expressar-se através de uma série ampla de comportamentos e como resposta a uma grande variedade de necessidades. Para que haja segurança, é preciso que algumas necessidades básicas sejam no mínimo parcialmente satisfeitas antes que outras necessidades se tornem urgentes. Conseqüentemente, a tendência do organismo para se realizar pode, num determinado momento, levar à busca de alimento ou de satisfação sexual. Mas até mesmo essas satisfações serão procuradas de modo a promover e não a diminuir a auto-estima, a não ser que se tornem excessivamente imperiosas. O organismo procurará também outras realizações em suas transações com o ambiente. A necessidade de explorar e de produzir mudanças no ambiente, a necessidade de brincar e de se auto-explorar — todos esses e muitos outros comportamentos são expressões dessa tendência auto-realizadora.

Em resumo, os organismos estão sempre em busca de algo, sempre iniciando algo, sempre "prontos para alguma coisa". Há uma fonte central de energia no organismo humano. Essa fonte é uma função do sistema como um todo, e não de uma parte dele. A maneira mais simples de conceituá-la é como uma tendência à plenitude, à auto-realização, que abrange não só a manutenção mas também o crescimento do organismo.

Uma concepção mais ampla: a tendência formativa

Este ponto de vista tem sido objeto de muitas críticas. Consideram-no otimista demais e afirmam que nele o elemento negativo, o maligno, o lado negro dos seres humanos não se encontra devidamente tratado.

Por isso, gostaria de inserir essa tendência direcional num contexto mais amplo. Ao fazê-lo, deter-me-ei nos trabalhos e nas idéias de outros autores, filiados a outras disciplinas. Aprendi com muitos cientistas, mas devo mencionar minha dívida especial para com os trabalhos de Albert Szent-Gyoergyi (1974), um biólogo ganhador do Prêmio Nobel e de Lancelot Whyte (1974), um historiador das idéias.

Minha tese principal é a seguinte: parece existir no universo uma tendência formativa que pode ser observada em qualquer nível. Essa tendência vem recebendo muito menos atenção do que merece.

Até hoje, os físicos têm focalizado principalmente a "entropia", a tendência para a deterioração ou para a desordem. Eles sabem muito sobre ela. Quando estudam sistemas fechados, podem lhes dar descrições matemáticas precisas. Sabem que a ordem tende a degenerar em acaso, num processo em que cada estágio se torna menos organizado que o anterior.

Do mesmo modo, conhecemos bem a deterioração na vida orgânica. O sistema — seja ele uma planta, um animal ou um homem — degenera-se com o passar do tempo, passando por graus de organização funcional ou ordem cada vez menores, até o momento em que a decadência atinge um estado de êxtase. De certa maneira, nisso se resume todo um aspecto da Medicina — no estudo do mal funcionamento ou degeneração de um órgão ou de todo o organismo. A compreensão do complexo processo da morte física é cada vez maior.

Assim, sabe-se muito sobre a tendência universal de todo sistema a se degenerar em direção a um estado cada vez mais desordenado, cada vez mais caótico. O funcionamento deste sistema é como uma rua de mão única: o mundo é visto como uma grande máquina, que vai reduzindo a marcha e se desgastando.

Mas a tendência formativa, muito mais importante, e que pode ser igualmente observada em qualquer nível do universo, é muito menos reconhecida e ressaltada. Afinal de contas, toda forma que vemos ou conhecemos surgiu de uma outra mais simples, menos complexa. Este fenômeno é, no mínimo, tão significativo quanto a entropia. Poderíamos dar exemplos extraídos tanto da vida orgânica quanto da inorgânica. Mencionarei apenas alguns deles.

Há indícios de que cada galáxia, cada planeta, inclusive o nosso, formou-se a partir de um turbilhão menos organizado de partículas. Muitos desses objetos estelares são formativos. Na atmosfera de nosso sistema solar, núcleos de hidrogênio se chocam para formar moléculas de hélio, mais complexas em sua estrutura. Supõe-se que em outros corpos celestes, até mesmo moléculas mais pesadas são formadas através de tais interações.

Penso que quando os elementos mais simples da atmosfera da Terra, que já existiam antes da vida começar – o hidrogênio, o oxigênio e o nitrogênio, sob a forma de água e de amônia – são infundidos por cargas elétricas ou por radiação, começam a se formar moléculas mais pesadas, seguidas dos aminoácidos mais complexos. Parece que somos apenas um passo além da formação do vírus e de organismos vivos ainda mais complexos. Está em andamento um processo criativo e não desintegrativo.

A formação de cristais é um outro exemplo fascinante. Em cada caso, de uma matéria fluída menos ordenada e menos simétrica, emerge a forma cristalina, surpreendentemente única, simetricamente ordenada e quase sempre bela. Todos nós nos maravilhamos com a perfeição e a complexidade de um floco de neve. E, no entanto, ele se originou dum vapor informe.

Quando examinamos uma célula viva, descobrimos que ela forma quase sempre colônias mais complexas, como os recifes de coral. E quando a célula se transforma num organismo de muitas células, com funções especializadas, a ordem é ainda maior.

Não é preciso descrever todo o processo gradual da evolução orgânica. Já temos conhecimento da complexidade cada vez maior dos organismos. Nem sempre são bem-sucedidos em sua adaptação a um ambiente em contínua mudança, mas a tendência à complexidade é sempre evidente.

Talvez, para muitos de nós, o processo da evolução orgânica seja melhor compreendido se tomarmos o desenvolvimento do óvulo humano fertilizado. Este se inicia nos estágios mais simples de divisão celular, passa ao estágio aquático do girino e chega ao bebê humano, complexo e extremamente organizado. Como disse Jonas Salk, há uma ordem manifesta e crescente na evolução.

Portanto, sem ignorar a tendência para a deterioração, precisamos tomar conhecimento da existência do que Szent-Gyoergyi chamou de "sintropia", e que Whyte chamou de "tendência mórfica": a tendência sempre atuante em direção a uma ordem crescente e a uma complexidade inter-relacionada, visível tanto no nível inorgânico como no orgânico. O universo está em constante construção e criação, assim como em deterioração. Este processo também é evidente no ser humano.

A função da consciência nos seres humanos

Qual é o papel desempenhado por nossa consciência nessa função formativa? Acho que pequeno, porém muito importante. A capacidade de prestar uma atenção consciente parece ser uma das mais recentes etapas evolutivas da espécie humana. Essa capacidade pode ser caracterizada como um pequeníssimo pico de consciência, de capacidade de simbolização, no topo de uma vasta pirâmide de funcionamento não consciente do organismo. Talvez uma analogia melhor, mais reveladora da contínua mudança que aí se processa, seja imaginar esta pirâmide como uma fonte de forma piramidal. Seu ápice é intermitentemente iluminado pela luz vacilante da consciência, mas o fluxo constante da vida prossegue do mesmo modo na escuridão, de modo consciente ou inconsciente. Tudo indica que o organismo humano vem progredindo em direção a um desenvolvimento cada vez mais pleno da consciência. É neste nível que surgem inovações e talvez até mesmo novas direções para a espécie humana. É aqui que a relação recíproca entre causa e efeito é mais evidente. É aqui que as escolhas são feitas, que as formas espontâneas são criadas. Talvez aqui estejamos diante da mais desenvolvida das funções humanas.

Alguns de meus colegas afirmam que a escolha organísmica — a escolha não-verbal, subconsciente, do modo de ser — é guiada pelo fluxo evolutivo. Concordo com essa afirmação e vou até mais além. Eu ressaltaria que, na prática psicoterapêutica, aprendemos algo sobre as condições psicológicas que propiciam o aumento desta capacidade tão importante que é a consciência de si. Havendo maior autoconsciência torna-se possível uma escolha mais bem fundamentada, uma escolha mais livre de introjeções, uma escolha *consciente* mais em sintonia com o fluxo evolutivo. Essa pessoa está potencialmente mais consciente, não só dos estímulos como também das idéias e sonhos, do fluxo de sentimentos, emoções e reações fisiológicas advindas do seu interior. Quanto maior essa consciência, mais a pessoa flutuará segura numa direção afinada com o fluxo evolutivo.

Dizer que alguém está funcionando dessa maneira não significa dizer que ela esteja consciente de tudo o que se passa em seu interior. Convém lembrarmos da centopéia cujos movimentos ficaram paralisados no momento em que tomou consciência de cada uma de suas pernas. Pelo contrário, essa pessoa está livre para viver subjetivamente um sentimento, assim como para ter consciência dele. O indivíduo poderia sentir amor, sofrer, ter medo, ou apenas viver subjetivamente essas experiências. Ou então poderia abstrair essa subjetividade e formular conscientemente "estou sofrendo", "estou com medo", "estou realmente amando". O importante é que quando uma pessoa está funcionando plenamente, não há barreiras, inibições que impeçam a vivência integral do que quer que esteja presente no organismo. Esta pessoa está se movimentando em direção à inteireza, à integração, à vida unificada. A consciência está participando dessa tendência formativa, mais ampla e criativa.

Estados alterados de consciência

Há, porém, os que vão ainda mais longe em suas teorias. Pesquisadores como Grof e Grof (1977) e Lilly (1973) acreditam que as pessoas são capazes de ultrapassar o nível comum de consciência. Seus estudos parecem revelar que em estados alterados de consciência, as pessoas entram em contato com o fluxo da evolução e apreendem seu significado. Este contato é vivenciado como um movimento que os aproxima de uma experiência transcendente de unidade. É como se o eu se dissolvesse numa região de valores superiores, especialmente de beleza, harmonia e amor. A pessoa sente-se como se ela e o cosmos fossem um só. A realização obstinada de pesquisas parece que vem confirmando as experiências de união dos místicos com o universo.

Minha experiência mais recente com clientes, especialmente com grupos intensivos, tem confirmado esta concepção. Descrevi anteriormente as características de uma relação que gera crescimento, investigadas e comprovadas através de pesquisas. Recentemente, no entanto, estendi minha concepção para uma área nova, ainda não estudada empiricamente.

Quando estou em minha melhor forma, como facilitador de grupo ou como terapeuta, descubro uma nova característica. Percebo que quando estou o mais próximo possível de meu eu interior, intuitivo, quando estou de algum modo em contato com o que há de desconhecido em mim, quando estou, talvez, num estado de consciência ligeiramente alterado, então tudo o que faço parece ter propriedades curativas. Nestas ocasiões, a *minha presença*, simplesmente, libera e ajuda os outros. Não há nada que eu possa fazer para provocar deliberadamente essa experiência, mas quando sou capaz de relaxar e de ficar próximo do meu âmago transcendental, comporto-me de um modo estranho e impulsivo na relação, que não posso justificar racionalmente e que não tem nada a haver com meus processos de pensamento. Mas esses estranhos comportamentos acabam sendo *corretos*, por caminhos bizarros: parece que meu espírito alcançou e tocou o espírito do outro. Nossa relação transcende a si mesma e se torna parte de algo maior. Então, ocorrem uma capacidade de cura, uma energia e um crescimento profundos.

Tenho a certeza de que este tipo de fenômeno transcendente às vezes é vivido por alguns grupos com que tenho trabalhado, provocando mudanças na vida de alguns dos participantes. Um deles colocou-o de uma forma eloqüente: "Acho que vivi uma experiência profunda. Senti que havia uma comunhão espiritual no grupo. Respiramos juntos, sentimos juntos e até falamos uns pelos outros. Senti o poder de 'força vital' que anima cada um de nós — não importa o que isto seja. Senti sua presença sem as barreiras usuais do 'eu' e do 'você' — foi como uma experiência de meditação, quando me sinto como um centro de consciência, como parte de uma consciência mais ampla, universal. Mesmo em meio a essa extraordinária sensação de unicidade, a individualidade de cada pessoa presente foi, mais do que nunca, preservada".

Esse relato, tal como a descrição dos estados alterados de consciência, pertence ao terreno do místico. Tenho a certeza de que nossas experiências terapêuticas e grupais lidam com o transcendente, o indescritível, o espiritual. Sou levado a crer que eu, como muitos outros, tenho subestimado a importância da dimensão espiritual e mística.

A ciência e o misticismo

Estou certo de que, a partir deste momento, muitos leitores deixarão de concordar comigo. E a lógica, perguntarão eles, a ciência, a sagacidade? Mas antes que me abandonem por completo, gostaria de mencionar algumas provas surpreendentes dessa concepção, vindas de áreas as mais inesperadas.

Fritjof Capra (1975), um conhecido físico teórico, mostrou que a física moderna aboliu quase que por completo quaisquer conceitos sólidos sobre o nosso mundo, com exceção do conceito de energia. Numa afirmação que resume essa observação, ele diz: "Na Física moderna, o universo é concebido como um todo indivisível, dinâmico, no qual o observador participa de um modo essencial. Nessa concepção, os conceitos tradicionais de espaço e tempo, de objetos isolados e de causa e efeito perdem o sentido. Tal concepção, no entanto, é muito semelhante à dos místicos orientais" (p. 81). Em seguida, Capra ressalta o paralelismo surpreendente entre esta concepção e as concepções do Zen, do Taoísmo, do Budismo e de outras concepções orientais. Ele está convicto de que a Física e o misticismo oriental não se identificam, mas são vias complementares que levam ao mesmo conhecimento, que se completam mutuamente, permitindo uma compreensão mais plena do universo.

Recentemente, o trabalho do químico-filósofo Ilya Prigogine (Ferguson, 1979) veio trazer uma perspectiva diferente, que contribui para o esclarecimento do tema em questão.

Ao tentar responder à questão fundamental de como a ordem e a complexidade emergem do processo da entropia, esse autor criou um sistema teórico inteiramente novo. Desenvolveu fórmulas e provas matemáticas de que o mundo vivo é, acima de tudo, probabilístico, e não apenas determinístico. Sua concepção se aplica a todos os sistemas nos quais ocorre uma troca de energia com o ambiente, entre os quais se encontra, obviamente, o organismo humano.

Em resumo, quanto mais complexa uma estrutura — seja ela química ou humana — mais energia ela expende para manter sua complexidade. Por exemplo, o cérebro humano, que só participa de dois por cento do peso do corpo, usa vinte por cento do oxigênio disponível! Um sistema como esse é instável, tem flutuações ou "perturbações", como diz Prigogine. À medida que aumentam, essas flutuações são transmitidas através das várias conexões do sistema e, assim, o dirigem — seja ele um componente químico ou um ser humano — para um estado novo, alterado, *mais* ordenado e coerente que o anterior. Esse novo estado possui uma complexidade ainda maior e, portanto, um potencial ainda maior para provocar mudanças.

A transformação de um estado em outro é um evento súbito, não linear, em que muitos fatores interagem ao mesmo tempo. Considero especialmente interessante o fato de esse fenômeno já ter sido demonstrado anteriormente por Don (1977-1978), em sua investigação do conceito de "vivência" na psicoterapia, da autoria de Gendlin (Gendlin, 1978). Quando um sentimento, até então reprimido, é vivido conscientemente, de modo completo e aceitador, durante a relação terapêutica, não se dá apenas uma nítida mudança psicológica, mas, também, uma mudança fisiológica concomitante, um novo estado de *insight* é atingido.

A teoria de Prigogine parece esclarecer questões como a meditação, as técnicas de relaxamento e os estados alterados de consciência, nos quais as flutuações aumentam de várias maneiras. Ela vem corroborar o valor dado ao reconhecimento e à expressão total dos sentimentos — sejam eles positivos ou negativos — o que permite uma total perturbação do sistema.

Prigogine reconhece a grande semelhança entre a "ciência da complexidade", por ele desenvolvida, e as concepções dos sábios e místicos orientais, bem como as filosofias de Alfred North Whitehead e de Henri Bergson. Suas concepções convergem, segundo ele, para uma "visão coletiva profunda". Surpreendentemente, seu livro mais recente chama-se *Do Ser para o Tornar-se* (1979), um título estranho para uma obra escrita por um químico-filósofo. Em poucas palavras, sua conclusão pode ser assim resumida: "Quanto mais complexo um sistema, maior seu potencial para a autotranscendência: suas partes cooperam para reorganizá-lo" (Ferguson, 1979).

Assim, encontramos provas na física e na química teóricas, da validade das experiências transcendentes, indescritíveis, inesperadas e transformadoras — aqueles tipos de fenômenos que meus colegas e eu temos observado e sentido como concomitantes à abordagem centrada na pessoa.

Uma hipótese para o futuro

À medida que tento abranger toda a amplitude dos vários temas de que venho tratando, ao lado de alguns resultados de pesquisas que parecem confirmá-los, sou levado a formular uma hipótese mais ampla. Estou ciente de que ela é ainda bastante inicial, embora, em nome da clareza, eu vá formulá-la em termos bem definidos.

Defendo a hipótese de que existe uma tendência direcional formativa no universo, que pode ser rastreada e observada no espaço estelar, nos cristais, nos microrganismos, na vida orgânica mais complexa e nos seres humanos. Trata-se de uma tendência evolutiva para uma maior ordem, uma maior complexidade, uma maior inter-relação. Na espécie humana, essa tendência se expressa quando o indivíduo progride de seu início unicelular para um funcionamento orgânico complexo, para um modo de conhecer e de sentir abaixo do nível de consciência, para um conhecimento consciente do organismo e do mundo externo, para uma consciência transcendente da harmonia e da unidade do sistema cósmico, no qual se inclui a espécie humana.

É muito provável que essa hipótese seja um ponto de partirda para uma teoria da psicologia humanística. Mas ela é, sem dúvida, o fundamento da abordagem centrada na pessoa.

Conclusões

O que pretendi dizer é que, em nosso trabalho como terapeutas e facilitadores centrados na pessoa, descobrimos atitudes comprovadamente eficientes na promoção de mudanças construtivas na personalidade e no comportamento dos indivíduos. Quando num ambiente impregnado dessas atitudes, as pessoas desenvolvem uma maior autocompreensão, uma maior autoconfiança, uma maior capacidade de escolher os comportamentos que terão. Aprendem de modo mais significativo, são mais livres para ser e transformar-se.

Um indivíduo que vive nesse clima estimulante pode escolher livremente *qualquer* direção, mas na verdade escolhe caminhos construtivos e positivos. A tendência à auto-realização é ativa no ser humano.

Essa tendência se confirma ainda mais quando descobrimos que ela não se encontra apenas nos sistemas vivos, mas faz parte de uma poderosa tendência formativa do nosso universo, evidente em todos os seus níveis.

Assim, quando criamos um clima psicológico que permite que as pessoas *sejam* — sejam elas clientes, estudantes, trabalhadores ou membros de um grupo — não estamos participando de um evento casual. Estamos descobrindo uma tendência que permeia toda a vida orgânica — uma tendência para se tornar toda a complexidade de que o organismo é capaz. Em uma escala ainda maior, creio que estamos sintonizando uma tendência criativa poderosa, que deu origem ao nosso universo, desde o menor floco de neve até a maior galáxia, da modesta ameba até a mais sensível e bem-dotada das pessoas. E talvez estejamos atingindo o ponto crítico da nossa capacidade de nos transcendermos, de criar direções novas e mais espirituais na evolução humana.

No meu entender, este tipo de formulação é o princípio filosófico fundamental de uma abordagem centrada na pessoa. Ela justifica meu engajamento com um modo de ser que ratifica a vida.

Referências bibliográficas

Adler, A. *Social interest: A challenge to mankind*. New York: Capricorn Books, 1964. (Publicado originalmente em 1933.)

Angyal, A. *Foundations for a science of personality*. New York: Commonwealth Fund, 1941.

Angyal, A. *Neurosis and treatment*. New York: John Wiley & Sons, 1965.

Aspy, D. *Toward a technology for humanizing education*. Champaign, Illinois: Research Press, 1972.

Aspy, D. e Roebuck, F. M. *A lever long enough*. Washington, D. C.: National Consortium for Humanizing Education, 1976.

Capra, F. *The Tao of physics*. Boulder, Colorado: Shambala, 1975.

Don, N. S. The transformation of conscious experience and its EEG correlates. *Journal of Altered States of Consciousness*, 1977-1978, p. 147.

Ferguson, M. Special issue: Prigogine's science of becoming. *Brain/Mind Bulletin*, May 21, 1979, 4(13).

Freud, S. Instincts and their vicissitudes. In *Collected papers* (vol. 4). Londres: Hogarth Press and Institute of Psychoanalysis, 1953, p. 60-83.

Gendlin, E. T. *Focusing*. New York: Everest House, 1978.

Goldstein, K. *Human nature in the light of psychopathology*. Cambridge: Harvard University Press, 1947.

Grof, S. e Grof, J. H. *The human encounter with death*. New York: E. P. Dutton, Co., 1977.

Lilly, J. C. *The center of the cyclone*. New York: Bantam Books, 1973. (Originalmente, Julian Press, 1972.)

Maslow, A. H. *Motivation and personality*. New York: Harper and Brothers, 1954.

Murayama, M. Heterogenetics: An epistemological restructuring of biological and social sciences. *Acta biotheretica*, 1977, 26, 120-137.

Pentony, P. Rogers' formative tendency: an epistemological perspective. Manuscrito não publicado, University of Canberra, Austrália, 2978.

Prigogine, I. *From being to becoming*. São Francisco: W. H. Freeman, 1979.

Rogers, C. R. A theory of therapy, personality and interpersonal relationships. In: S. Koch (org.), *Psychology: A study of a sicence* (vol. 3). New York: McGraw-Hill, 1959, p. 184-256.

Rogers, C. R. Toward becoming a fully functioning person. In: *Perceiving, behaving, becoming*, 1962 Yearbook, Association for Supervision and Curriculum Development. Washington, D. C.: National Education Association, 1962, p. 21-23.

Rogers, C. R. The actualizing tendency in relation to "motives" and to consciousness. In: M. Jones (org.), *Nebraska Symposium on Motivation*, Lincoln: University of Nebraska Press, 1963, p. 1-24.

Rogers, C. R. The formative tendency. *Journal of Humanistic Psychology*, 1978, *18* (1), 23-26.

Smuts, J.C. *Holism and evolution*. New York: Viking Press, 1961. (Publicado originalmente em 1926.)

Szent-Gyoergyi, A. Drive in living matter to perfect itself. *Synthesis*, Spring, 1974. p. 12-24.

Tausch, R. Facilitative dimensions in interpersonal relations: Verifying the theoretical assumptions of Carl Rogers. *College Student Journal*, 1978, *12*(1), 2-11.

Whyte, L. *The universe of experience*. New York: Harper & Row, 1974.

4

A formação de comunidades centradas na pessoa: implicações para o futuro

Nos dois capítulos precedentes* foram relatados diferentes aspectos do trabalho com pessoas. Nesse capítulo, encontram-se as aprendizagens mais recentes realizadas por mim e por meus colegas no trabalho com grupos e algumas estimulantes possibilidades futuras. Os *workshops* que conduzimos nos últimos anos foram o contexto no qual se deram as aprendizagens e as indagações que constituem este capítulo. Devo as palavras e as idéias que o compõem a muitas pessoas, em especial a Maria Bowen, Joane Justyn, Jared Kass, Maureen Miller, Natalie Rogers e John K. Wood.

Embora os pequenos grupos intensivos — os grupos de encontro ou grupos de interesses específicos — sejam quase sempre experiências importantes para seus participantes, não me dedicarei à descrição de suas características ou de sua dinâmica. Minhas concepções sobre essa questão foram apresentadas exaustivamente em meu livro sobre grupos de encontro (Rogers, 1970).

Meus colegas e eu temos nos interessado cada vez mais pelas forças poderosas que atuam durante as reuniões de todos os participantes de um *workshop*. Embora freqüentemente nos refiramos a esses encontros como "reuniões comunitárias", na realidade eles não alcançam um verdadeiro sentido de comunidade, nas primeiras sessões. Geralmente, é apenas no final do *workshop* que os participantes, incluindo a equipe de trabalhos, sentem-se genuinamente membros de uma comunidade.

Bastante curioso, muitas vezes a mesma dinâmica ocorre num *workshop* de quatro dias e num de dezessete dias ou mais. Acredito que o grupo, em

---

Tradução de Heloisa Lebrão.

*Ver Nota do Editor, p. VII: "Uma maneira negligenciada de ser: a maneira empática"; "Ellen West — e solidão".

sua sabedoria, usa o tempo de que dispõe para atingir as metas possíveis dentro do limite estipulado. Em minha opinião, essa sabedoria do grupo é assustadora, por vários motivos.

Aos que se interessam por tais *workshops* e desejam obter uma descrição mais viva e detalhada dos mesmos, sugiro a leitura de meu último livro (Rogers, 1977, cap. 8).

*

A formação da comunidade

Nos últimos quinze anos, tenho me dedicado, juntamente com muitos colegas dos Estados Unidos e de outros países, ao que tenho chamado de construção de comunidades. Trabalhamos com pequenos grupos, depois com grupos maiores, de 50 a 200 pessoas, e ocasionalmente com grupos muito grandes, de 600 a 800 pessoas. Temos corrido verdadeiros riscos pessoais. Temos nos transformado através do que aprendemos. Temos cometido muitos erros. Freqüentemente ficamos profundamente confusos diante do processo no qual nos envolvemos. Temos tentado formular de diferentes maneiras o que observamos e vivenciamos, mas sentimo-nos muito inseguros para chegar a qualquer conclusão.

Entretanto, um elemento central se impõe: tornamo-nos, num aspecto fundamental, mais eficientes como facilitadores da formação de comunidades temporárias. Nessas comunidades, a maioria dos participantes vivencia tanto uma percepção aguda de seu próprio poder quanto um sentimento de união estreita e respeitosa com todos os demais membros do grupo. No desenrolar do processo, verificam-se uma comunicação interpessoal cada vez mais aberta, um senso de união crescente e uma *psique* coletiva harmoniosa, de natureza quase espiritual.

Nesses grupos, acabamos por envidar esforços no sentido de estabelecer um clima no qual o participante possa fazer suas próprias escolhas, participar em condições de igualdade com os demais no planejamento ou execução das atividades, tornar-se mais consciente do poder pessoal, tornar-se cada vez mais autônomo e criativo como arquiteto de sua própria vida. Devido a esse enfoque global no fortalecimento do indivíduo é que fomos levados a considerar nossa abordagem como centrada na pessoa.

O contexto

Gostaria de salientar que essa abordagem filosófica, pedra fundamental do que passarei a descrever, não é o único ponto de partida possível para a formação de comunidades. As comunidades surgiram na pré-história, quando nossos ancestrais agruparam-se em bandos com o propósito comum da caça e, mais tarde, da agricultura. Nas comunidades dos índios americanos, encontramos padrões baseados em ritos e filosofias dos quais podemos tirar proveito. As primeiras comunidades da civilização formaram-se em torno de rios e portos e o comércio mantinha unidos seus habitantes. Nos Estados Unidos, formaram-se comunidades idealistas em torno de líderes carismáticos ou ideologias religiosas. Basta que nos lembremos de Amish para percebermos que algumas dessas comunidades têm tido um incrível poder de sobrevivência. Na China, encontram-se grupos que há séculos vivem em aldeias. De alguma forma, através de toda a história e seguramente desde a fundação da República Popular, em 1949, essas comunidades têm se destacado pela ênfase dada aos objetivos coletivos. O bem-estar do organismo total, do Estado ou da Nação, é supremo. A autonomia individual torna-se secundária, e cada pessoa é ajudada a se perceber somente como uma célula de uma grande estrutura orgânica.

Na cultura ocidental, entretanto, há uma tendência diferente, uma ênfase na importância do indivíduo. A filosofia da democracia, dos direitos humanos, o direito à autodeterminação são os aspectos enfatizados. A partir desse terreno, desenvolveu-se uma filosofia de vida específica — a abordagem centrada na pessoa à qual me referi. No momento, não estou levando em conta as demais bases possíveis para a formação de comunidades e tratarei somente de experiências que se basearam e se desenvolveram a partir dessa filosofia centrada na pessoa.

Várias formas de comunidades centradas na pessoa têm sido organizadas em diferentes contextos. Há professores que têm conseguido criar tais entidades em suas salas de aula. Em um grande número de organizações, há grupos de trabalho que se desenvolveram e funcionam nos moldes da abordagem centrada na pessoa. Alguns grupos paroquiais também funcionam assim. Em escala muito reduzida, as indústrias têm feito experiências bastante satisfatórias com essas comunidades — até o momento em que o objetivo de crescimento pessoal entra em conflito com o objetivo do lucro. Em resumo, há um fermento em ação na nossa cultura que vem ensejando muitos esforços no sentido de dar mais destaque à dignidade, à capacidade e à autodeterminação do indivíduo. Como cultura, estamos tateando em busca de futuras formas de vida comunitária.

"Workshops" centrados na pessoa

Além dessa orientação geral, as experiências que mais se aproximam da realização de experimentos sociais genuínos, que põem em prática meticulosamente uma filosofia e uma teoria articuladas, são os *workshops* que meus colegas e eu temos coordenado nos últimos anos. Nesses *workshops*, tivemos a oportunidade de vivenciar e observar a formação de comunidades nas quais a dinâmica do processo fica evidente, dada a ocorrência de muito poucos fatores estranhos ao experimento. Esses *workshops* não têm sido conduzidos em instituições oficiais. Não são patrocinados por universidades, pelo governo ou por fundações. Não têm fins lucrativos. Estão livres de quaisquer condições que não sejam aquelas estabelecidas pelo grupo. Assim, tornam-se dignos de uma análise cuidadosa.

É por essas razões que a discussão que se segue limita-se às nossas experiências nesses *workshops*. Espero que, ao descrever essas atividades, que são também experimentos sociais, a forma e o processo orgânicos básicos fiquem claros.

Temos tido a sorte de poder trabalhar com grupos de natureza muito diversa e espalhados por todo o globo. Ao refletir sobre o processo, estou baseando-me em experiências com grupos de vários tamanhos, formados em diversas partes dos Estados Unidos, especialmente nas duas costas e grupos levados a efeito no México, no Brasil, na Venezuela, no Japão, na Inglaterra e na Espanha, onde 170 pessoas de 22 países diferentes participaram de um emocionante *workshop* intercultural.

Antes de começar a descrever os processos que ocorrem nesses grupos, gostaria de falar sobre a maneira pela qual a equipe aprendeu a se preparar nos dias que antecedem à formação do grupo.

*Uma maneira de ser na equipe**

O que aprendi sobre a maneira pela qual a equipe funciona aperfeiçoou-se e tornou-se mais vivo à medida que trabalhei com meus colegas em seis *workshops* de verão, baseados na abordagem centrada na pessoa, a partir de 1974. Eles ocorreram em seis locais diferentes — três na Califórnia e os outros três em Oregon, Adirondacks e Nottingham, na Inglaterra. O número de participantes variou de 65 a 135. (Em Rogers, 1977, o leitor encontrará um desses *workshops* descrito em detalhes.)

A equipe desses *workshops* manteve-se relativamente constante. O número de membros variou de cinco a sete e houve algumas mudanças, mas o sentimento de continuidade foi preservado. Durante o ano trabalhamos separadamente, mas nos reuníamos antes de cada *workshop*. O modo como funcionávamos e a maneira como satisfazíamos mutuamente nossas necessidades foram-se modificando com o passar do tempo.

Inicialmente, víamos nossa função de uma maneira um tanto tradicional. Nas reuniões que tínhamos antes dos *workshops*, dedicávamos muito tempo à elaboração de planos e projetos alternativos para o programa — por exemplo, a formação de pequenos grupos e outras atividades especiais. Desejávamos "conceder" o máximo possível de liberdade de escolha (como se coubesse a nós concedê-la). Víamo-nos, basicamente como especialistas, que

---

*Especialmente nesta parte e, em certa medida, em outras passagens desse capítulo, valho-me do material produzido pela equipe dos *Workshops* centrados na pessoa (Bowen e col., 1978).

possuíamos diferentes interesses e talento a oferecer, como professores e facilitadores. Esforçávamo-nos para nos preparar e oferecer uma variedade de recursos à aprendizagem.

Os membros da equipe também se dedicavam à discussão das diferenças e desacordos interpessoais, a que não queríamos expor os participantes. Gradualmente começamos a encarar nossa função enquanto equipe de uma maneira totalmente diferente. Em suma, acreditamos que nossa maior tarefa é *sermos nós mesmos*. Para alcançar esse objetivo, passamos vários dias juntos antes que o *workshop* se inicie, para que, na medida de nossas capacidades:

— estejamos plenamente abertos — primeiro, um em relação ao outro e depois em relação ao grupo todo;

— estejamos preparados para explorar áreas novas e desconhecidas de nossas próprias vidas;

— aceitemos verdadeiramente nossas próprias diferenças;

— estejamos abertos para as novas aprendizagens, possibilitadas pelas recentes viagens ao nosso interior, estimuladas pelas experiências vividas na equipe e no grupo.

Portanto, podemos dizer que agora *nos* preparamos e damos muito menos importância ao planejamento e aos recursos materiais. Valorizamos o processo que vivemos como equipe e queremos colocá-lo ao alcance do grupo. Descobrimos que sendo, tanto quanto o conseguirmos, nós mesmos — criativos, distintos, contraditórios, presentes, abertos e capazes de compartilhar — tornamo-nos, de certa forma, diapasões que encontram ressonância dessas características em todos os membros da comunidade que constitui o *workshop*.

O poder é compartilhado no relacionamento que estabelecemos com o grupo e seus membros. Permitimo-nos "ser"; permitimos que os outros "sejam". Quando estamos em nossa melhor forma, a vontade de julgar ou manipular as ações ou pensamentos dos outros é mínima. Quando as pessoas são abordadas desta forma, quando são aceitas como são, revelam-se muito criativas e plenas de recursos para examinar e transformar suas próprias vidas.

Apesar de não persuadirmos, interpretarmos ou manipularmos, não temos, seguramente, uma atitude de *laissez-faire*. Pelo contrário, descobrimos que podemos nos compartilhar, compartilhar nossos sentimentos, nossas potencialidades e nossas habilidades de uma maneira ativa. Cada um de nós é livre para Ser, na medida de nossa capacidade de sermos autênticos a cada momento.

Uma parcela dessa postura tornou-se parte integrante de nossa maneira de ser. Trata-se do nosso desejo de *ouvir*. Durante os períodos de caos, ou de críticas à equipe, ou de expressão de sentimentos profundos, ouvimos atentamente, numa atitude de aceitação, ocasionalmente verbalizando nossa compreensão do que ouvimos. Damos atenção especial às vozes ressonantes, às vozes macias, àquelas que exprimem pontos de vista inaceitáveis ou impopulares. Fazemos questão de responder a uma pessoa quando ela falou abertamente mas ninguém respondeu. Tendemos, assim, a valorizar cada pessoa.

Não paramos aí. Enquanto equipe, estamos continuamente explorando novas facetas de nossa experiência como indivíduos. Nos últimos tempos, isso tem assumido a forma de explicitação das lições que aprendemos a partir do relacionamento íntimo que estabelecemos entre nossos diferentes estilos de vida. Significa enfrentar abertamente os aspectos psíquicos e cada vez mais intuitivos de nossas vidas. À proporção que nos aprofundamos nessas áreas internas desconhecidas, parecemos mais capazes de ajudar cada novo *workshop* comunitário – individual e coletivamente – a penetrar mais profundamente em seus mundos de sombra e mistério. Por sua vez, cada *workshop* nos propiciou experiências de aprendizagem que sequer antevíamos.

Um exemplo surpreendente disso é o fato da comunidade do *workshop* ter um conhecimento quase telepático do ponto em que a equipe *está* em seu próprio processo. Durante um ano, nas reuniões de equipe, discutimos a fundo os comportamentos e conotações sexuais que parecem fazer parte dos *workshops* e compartilhamos abertamente esses mesmos aspectos sexuais dentro da equipe. No *workshop* que se seguiu, esse tópico, sem nenhuma sugestão por parte da equipe, foi pela primeira vez abertamente discutido e considerado. Tal como um membro da equipe formulou, "o mistério que permanece para mim é o modo fantástico pelo qual a comunidade captou as idéias que produzimos em nossas reuniões de equipe (exatamente como nos fenômenos parapsicológicos)".

Uma afirmação final sobre a maneira como funcionamos: somos uma equipe totalmente aberta, sem líderes e sem nenhuma organização hierárquica. A liderança e a responsabilidade são compartilhadas. Tornamo-nos uma equipe unida que vive seu relacionamento da maneira a mais centrada na pessoa que conhecemos.

O que aprendi

Descobri que essa maneira de ser com uma equipe é uma experiência extremamente enriquecedora.

Em primeiro lugar, capacitou-me a assumir riscos que eu jamais ousaria assumir sozinho. Sei que se me comportar de maneira ridícula num grande grupo de um *workshop*, ou tentar alguma coisa nova e fracassar, a equipe ainda acreditará em mim e me aceitará. Essa situação me permite ousar o novo e o impossível.

Esse modo de ser com a equipe também tem-me ajudado a sentir que não tenho qualquer responsabilidade especial pelo *workshop*, que a responsabilidade é inteiramente dividida. Não fico mais "com o coração na mão" quando sinto que algo está indo "mal" num grupo. Posso me descontrair e simplesmente *ser* o que sou no momento. Minha confiança na sabedoria coletiva da equipe tornou-se uma profunda confiança na sabedoria de toda a comunidade do *workshop*.

Finalmente, sinto-me tremendamente liberto por ter um ambiente humano onde posso me soltar completamente. Nos três ou quatro dias de reunião de equipe que precedem a um *workshop*, deixo fluir meus problemas, meus dilemas, meus sentimentos. Posso me lamentar e gemer. Posso me gabar e me alegrar. Posso estar completamente desnorteado e sem esperanças. Posso estar repleto de idéias criativas. Posso ser crítico em relação aos demais membros do grupo. Posso me sentir próximo e afetuoso. E isso acontece com cada um de nós: compartilhamos nossos sentimentos da maneira mais profunda que pudermos. Esse processo é revigorante e terapêutico e proporciona uma segurança inacreditável. Durante o *workshop*, esse compartilhar continua em nossas reuniões de equipe e nos permite também tomar parte, sem reservas, na comunidade maior. Fornecemos uns aos outros um *feedback* proveitoso. Surpreendemo-nos mutuamente com nossa criatividade e engenhosidade. Irritamo-nos uns aos outros pela maneira como lidamos com relacionamentos e situações. Algumas vezes somos críticos uns com os outros, outras vezes nos orgulhamos uns dos outros. Aprendemos mutuamente e trabalhamos juntos nossos sentimentos. Somos um maravilhoso grupo de apoio mútuo. Tornamo-nos uma força catalisadora.

O processo grupal

O processo que se verifica nesses grupos de *workshop* é tão complexo que não tenho esperanças de fazer mais do que um esboço de seus múltiplos aspectos. Ainda assim, há elementos que considero significativos e característicos.

Unidade a partir da individualidade

O sentimento de comunhão não surge do movimento coletivo, nem da submissão às ordens de algum grupo. Pelo contrário, cada indivíduo tende a usar a oportunidade para tornar-se tudo aquilo que *pode* tornar-se. Vivencia a individuação e a diversidade — a singularidade de ser um "eu". É justamente essa característica de acentuada individuação da consciência que parece elevar o nível do grupo a uma unidade de consciência.

Descobrimos que cada pessoa não só percebe o *workshop* como um lugar onde pode satisfazer necessidades pessoais, mas também configura ativamente uma situação que permite esta satisfação. Um indivíduo descobre novas maneiras de encarar um momento difícil de transição no casamento ou na carreira. Outro obtém *insights* que permitem crescimento interno. Outro aprende novas formas de construir uma comunidade. Outro adquire mais habilidade nas relações interpessoais. Outros descobrem novos meios de renovação espiritual, artística e estética. Muitos voltam-se para uma ação mais lúcida e eficiente que vise à mudança social. Outros experienciam combinações dessas aprendizagens. A liberdade para ser um indivíduo, para trabalhar visando suas próprias metas, numa harmonia de diversidades, é um dos aspectos mais valorizados do *workshop*.

Uma participante captou, de uma forma muito bonita e poética, a individuação e a união que se desenvolvem.

Pela primeira vez em minha vida
Sinto que sou uma pessoa realmente especial
Pela primeira vez em minha vida
Sinto que quem sou é tudo o que preciso ser.
É o conhecimento de que no tenro cerne
    e indefeso centro
    onde me encontro,
Não é preciso haver mais nada.
É suficiente.
Nunca me senti tão valorizada,
    ou tão segura,
    como pessoa.
Nunca conheci a verdadeira auto-estima.
Vocês... me deram forças para viver
    abertamente,
    para tocar suas realidades.
Jamais conheci a mim mesma antes
Jamais conheci a nenhum outro ser humano,
    antes desta semana.
Jamais conheci tal paz ou força.
    Jamais cresci tão rapidamente,
    ou aprendi tanto.
Jamais me senti tão rica
    de amor por mim mesmo
    e de amor por vocês.

Outro participante, alguns meses após o *workshop*, formulou muito bem o modo como a comunhão desenvolve-se a partir da individuação.

Cada momento dos nove dias parecia acrescentar fios a uma espécie de complicada tapeçaria que se desenrolava ante nossos olhos e que ia sendo tecida pelos participantes... alguns usavam fios resistentes, outros cores arrojadas, outros davam retoques delicados. Para mim, essa tapeçaria tornou-se tão impressionante, uma obra-prima artesanal tão complicada, que não poderia ser completamente entendida ou apreciada antes que eu pudesse me afastar e, de uma certa distância, observá-la inteira contra um fundo neutro. Mesmo assim, sua plenitude parecia transformar-se a cada dia e nunca se completava. A parte ainda inacabada são todos os insights que tenho nos momentos os mais inesperados.

A diversidade dos fios desta tapeçaria pode ser explicada pela incrível variedade que existe entre os participantes: um jovem de 18 anos e uma mulher de 75 anos no mesmo grupo; marxistas fervorosos e profissionais ou homens de negócios conservadores no *workshop* da Espanha; pessoas religiosas devotas de fés diversas e pessoas que zombam de religião; homens e mulheres atléticos e pessoas que passam suas vidas em cadeiras de rodas. Todas essas pessoas tão diversas têm participado ativamente e cada um tem contribuído para o processo com seu eu particular.

Os aspectos caóticos e penosos

Não gostaria de dar a impressão de que o grupo se desenvolve suavemente. As sessões iniciais são quase sempre caóticas. Muitas vezes, há uma descrença de que o planejamento do *workshop* possa surgir de todos nós, juntos. Os participantes suspeitam da equipe (no *workshop* internacional realizado na Espanha, as pessoas expressavam um descontentamento geral em relação aos Estados Unidos e seu imperialismo econômico — um descontentamento que se estendia à equipe e aos participantes americanos). A falta de estrutura gera confusão. A equipe é criticada por não ter elaborado planos — os participantes relutam em lançar mão de sua própria força. Às vezes, ocorrem violentas discordâncias. Há uma tendência em fazer "discursos" sem ouvir o que está sendo dito. A rivalidade e o desejo de poder ficam evidentes à medida que alguns membros tentam assumir o controle do grupo, ou "assumir a liderança". Surgem discussões polêmicas quanto à maneira de se dividirem em pequenos grupos, um passo desejado por praticamente todos — mas vários métodos são propostos e depois rejeitados. Surgem tensões semelhantes quanto a detalhes como a programação dos grupos que têm interesses especiais.

Mas, na presença de uma atitude facilitadora criada pela equipe e por muitos participantes, os indivíduos gradualmente começam a *ouvir* uns aos outros e, lentamente, a compreender e a respeitar. O ambiente torna-se propício ao *trabalho*, tanto nos grandes quanto nos pequenos grupos, à medida que as pessoas começam a pesquisar a si mesmas e a seus relacionamentos.

A proporção que esse processo de trabalho vai se aprofundando, ele pode trazer muito sofrimento e angústia pessoais. Quase sempre o sofrimento decorre de *insights* a respeito de si mesmo ou do medo causado por uma mudança no autoconceito ou da angústia trazida pela mudança das formas de relacionamento. A mesma mulher que, no final do *workshop*, foi capaz de descrever poeticamente seu crescimento, escreveu este texto enquanto participava do processo:

Agarrando, arrastando, atemorizada
Chorando agora convulsivamente,
Minhas mãos feridas, ensangüentadas,
Esfolam-se nas paredes
De um medo áspero, mortal,
Em um poço aterrador,
Que desce, íngreme,

Em busca de algo perdido,
Cuja vida me é muito preciosa,
E que, mergulhando, preciso salvar...

Outra passagem, extraída do diário de uma participante, reflete a descoberta dolorosa e gradual de uma compreensão que alivia a tensão.

Sinto-me dilacerada. Parte de mim está orgulhosa por ter lidado com a situação desta manhã com Dorothy e Paul de um jeito que achei bom, embora esteja aborrecida comigo por permitir que isso me despedace. Estou assustada também, pois tudo isso parece tão inacabado. Todo o meu corpo sofre de uma tensão insuportável enquanto lágrimas correm pelas minhas faces. Desço correndo para a sala onde nosso grupo está se reunindo. Interrompo e conto ao grupo porque estou atrasada, falo da sobrecarga emocional que sinto, do meu esgotamento. "Não estou sequer recuperada de ontem e hoje já está sendo difícil novamente. Posso imaginar o quanto custa a vocês fazerem aconselhamento o tempo todo!"

Então George disse: "Você precisa aprender a se preocupar com suas próprias necessidades, Patty". Um sentimento de paz me inundou enquanto ouvia suas palavras. Como foi suave e conciliador. Isso era tudo o que eu realmente precisava ouvir naquela hora.

Portanto, no grupo se dão experiências de frustração, desconfiança, raiva, inveja e desespero. Individualmente as pessoas passam por experiências de sofrimento pela mudança, de incapacidade de enfrentar a ambigüidade, de medo, de solidão, de autodepreciação. Mas tanto o grupo como o indivíduo experienciam esses sofrimentos como parte de um processo do qual participam e no qual confiam de alguma forma — mesmo que não possam, no momento, explicar por que.

O critério na escolha de valores

À medida que o *workshop* avança, ocorre uma transformação no critério da escolha de valores feita pelos participantes. Valores que se baseiam na autoridade, que emanam de fontes externas à pessoa, tendem a enfraquecer. Valores vivenciados tendem a se fortalecer. O que foi *dado* ao indivíduo como bom e valioso, quer pelos pais, pela Igreja, pelo Estado ou pelos partidos políticos, tende a ser questionado. Os comportamentos ou modos de vida que se provaram satisfatórios e plenos de sentido tendem a ser reforçados. Os critérios usados nos julgamentos de valor tendem cada vez mais a residir na pessoa e não num livro, num professor ou num conjunto de dogmas. O centro de avaliação encontra-se na pessoa e não fora dela.

Assim, o indivíduo passa a viver cada vez mais segundo um conjunto de normas que têm uma base interna, pessoal. Como sabem que essas normas baseiam-se numa experiência em constante mudança, as pessoas as tornam mais provisórias, menos rígidas. Não são esculpidas na pedra mas escritas por um coração humano.

O processo de tomada de decisão

Uma das aprendizagens mais surpreendentes proporcionadas por essas experiências com grandes grupos refere-se às ramificações incrivelmente complexas de qualquer decisão. Na vida comum, o curso de uma ação é ordenado pela autoridade, e, a menos que nos ultraje, tendemos a obedecer à ordem, a seguir a regra. Embora as pessoas possam reclamar, parece que, em geral, todos aceitam as regras. Todas as reações complexas ficam encobertas.

Mas na comunidade de um *workshop*, onde as pessoas percebem seu próprio valor e sentem-se livres para se expressarem, a complexidade torna-se evidente. Alguém no *workshop* propõe uma maneira de se dividirem em pequenos grupos: "Vamos distribuir papéis numerados. Então, todos os que possuírem o número "um" constituirão um grupo, todos os "dois", outro grupo, e assim por diante". É difícil imaginar a variedade de respostas. A idéia é defendida. Surgem opiniões contrárias. Sugerem-se pequenas variações. Formulam-se objeções. Descobre-se que não há uma ou duas, mas dúzias de reações pessoais a esse plano aparentemente simples. Muitas vezes o grupo parece estar chegando a um consenso, quando um outro membro diz: "Mas eu não gosto disso porque não se adapta a *mim*".

Tal processo pode ser visto — e em geral o é — como um modo enfadonho, complicado, irritante e frustrante de se chegar a uma decisão. Afinal, será que a vontade de *todos* deve ser considerada? E a resposta silenciosa do grupo é que sim, que todas as pessoas têm seu valor, que os sentimentos e opiniões de todos têm o direito de serem levados em conta. Quando se observa o funcionamento desse processo, sua natureza impressionante torna-se cada vez mais explícita. Os desejos de cada participante são levados em conta, de maneira que ninguém se sente deixado à parte. De uma maneira lenta, conscienciosa e bonita, elabora-se uma decisão, de forma a atender cada pessoa. Chega-se a uma solução através de um processo que leva em conta a contribuição de cada indivíduo — respeitando-a, ponderando-a e incorporando-a ao plano final. A sagacidade do grupo é extraordinária.

O processo parece lento, e os participantes reclamam do "tempo que está sendo perdido". Mas uma sabedoria maior, presente no grupo, reconhece o valor do processo, pois ele continuamente tece uma comunhão, na qual mesmo a voz mais fraca, o sentimento mais sutil encontram um lugar.

O aspecto transcendente

Outra característica importante do processo de formação de comunidades com que tenho tido contato é sua transcendência ou espiritualidade. Há alguns anos, eu jamais empregaria essas palavras. Mas a extrema sabedoria do grupo, a presença de uma comunicação quase telepática, a sensação de que existe "algo maior", parecem exigir tais termos.

Tal como se deu em relação a outras características, uma participante expressa, de modo eloqüente, esses pensamentos. Algum tempo após o término do *workshop*, ela escreve:

Acho que vivi uma experiência espiritual profunda. Senti que havia uma comunhão espiritual no grupo. Respiramos juntos, sentimos juntos e até falamos uns pelos outros. Senti o poder da "força vital" que anima cada um de nós – não importa o que isto seja. Senti sua presença, sem as barreiras usuais do "eu" ou do "você" – foi como uma experiência de meditação, quando me sinto como um centro de consciência, como parte de uma consciência mais ampla, universal.

Um paradoxo — e sua possível solução

Tentei esboçar um pouco do que temos aprendido em nosso trabalho de formação de comunidades. Tentei destacar alguns aspectos desse complexo processo. Gostaria agora de chamar a atenção para a influência que nossa experiência pode ter sobre um dos estranhos aspectos de nossa cultura ocidental.

Somos parte de um incrível paradoxo. De um lado, almejamos a auto-suficiência, a independência, a privacidade. Cada pessoa, e até mesmo cada membro de uma família, quer e "necessita" de um carro, de modo que uma pessoa jamais precisa se ajustar aos horários ou necessidades de outra. A família adquire uma máquina de lavar pratos para que seus membros não precisem cooperar na lavagem da louça. Um quarto separado para cada membro da família é sempre a meta, quando não um "imperativo" categórico. Quando utilizamos o trem ou o ônibus, enterramos nosso nariz em nossos jornais ou livros de maneira a evitar a comunicação com a pessoa ao lado. É evidente que por maior que a privacidade seja, jamais a consideramos suficiente. Nosso *slogan* bem poderia ser o de Greta Garbo: "Quero ficar *sozinha*". Como Phil Slater (1970) demonstrou tão claramente, *buscamos* a privacidade e a auto-suficiência de todas as maneiras possíveis.

No entanto, nas comunidades dos *workshops* ocorre uma tendência oposta. Pessoas que não se conhecem ocupam o mesmo quarto sem se queixarem. Às vezes, várias pessoas dividem um dormitório pouco confortável, e simplesmente divertem-se com isso. Banheiros comunitários e mistos geralmente são considerados como locais apropriados a uma maior comunicação. Nos *workshops* especialmente intensivos, muito comumente os participantes estão em constante contato comunicativo e interpessoal, durante dezoito ou vinte horas por dia — e sentem-se entusiasmados e bem dispostos com a experiência. No término do *workshop*, há um sentimento muito forte de tristeza pela partida. Elaboram-se planos para dar continuidade à proximidade dos grupos de apoio no *workshop*. Fazemos todo o possível para continuar aprofundando essa intimidade, que na vida diária evitamos tanto. Queremos continuar esse compartilhar tão pessoal, o *feedback* sincero, a confrontação aberta que nos esforçamos tanto para evitar nas situações cotidianas.

Como é possível explicar esse paradoxo? Um de seus aspectos pode ser facilmente compreendido. Muitos de nós abominamos a comunicação superficial – os falatórios, as longas conversas sobre assuntos banais, o burburinho das festas, as longas discussões sobre tudo, desde a política até o *baseball*. Então, para evitarmos essa "perda de tempo", retiramo-nos de situações nas quais tal superficialidade é o nível de comunicação que se pode esperar.

Mas só isso não basta para explicar o que ocorre. Nós, ocidentais, parecemos ter desenvolvido uma adoração pela completa auto-suficiência, pela dispensa da ajuda, pelo completo isolamento, exceção feita a alguns poucos relacionamentos selecionados. Este modo de vida seria completamente impossível durante a maior parte da história, mas a tecnologia moderna tornou-o possível. Com meu quarto privado, meu carro privado, meu escritório privado, meu telefone privado (e que, de preferência, não conste nas listas), com comida e roupas adquiridas em enormes lojas impessoais, com meu próprio fogão, geladeira, máquina de lavar pratos, lavadora-secadora de roupas, estou praticamente imune ao contato íntimo com qualquer outra pessoa. E com as casas de massagem, as *call-girls* para os homens, os "serviços de acompanhantes" para as mulheres, os "bares para solteiros", para ambos, até mesmo as necessidades sexuais podem ser satisfeitas sem qualquer intimidade pessoal. O auge da privacidade na vida pessoal pode – e geralmente é o que ocorre – ser alcançado. Atingimos nossa meta.

Mas pagamos um preço. De nossa juventude alienada emergem nossos criminosos, capazes de uma violência sem sentido. De nossos anos adultos vividos em privacidade, "progredimos" para um solitário *status* de "cidadão idoso". Tanto o jovem quanto o velho são quase completamente inúteis em nossa sociedade moderna e têm uma aguda percepção dessa inutilidade. Não há lugar para eles. Têm sua privacidade, seu isolamento – e nenhuma esperança.

Parece que em nossos *workshops*, com participantes de 18 a 75 anos, estamos reconhecendo, sem estarmos totalmente cientes disso, que a balança pendeu demais para o lado do isolamento. Descobrimos que prezamos a intimidade profunda, que ela nos ajuda a crescer, que ela nos fortalece para atuar em nossa sociedade. Ficamos tristes um com o outro e regozijamo-nos um com o outro. Estamos inteiramente dispostos a tolerar o desconforto para *estarmos* juntos. Gostamos de nos enriquecer mutuamente. Nosso exclusivismo perde-se no enorme esforço de formação de uma comunidade e descobrimos que isso proporciona um sentimento mais profundo e mais sólido do eu.

Alguns problemas não resolvidos

Embora eu acredite que nossa experiência tenha implicações significativas para o futuro, existem ainda problemas que não resolvemos satisfatoriamente. Vou arrolá-los brevemente.

1. Nossa experiência se limita quase que inteiramente à formação de comunidades temporárias. Precisamos adquirir uma maior experiência com comunidades permanentes, como nosso próprio Centro.

2. Temos sido apenas parcialmente bem-sucedidos com grupos nos quais os membros sentem-se obrigados pelo grupo que representam a expressar "linhas partidárias" e não se sentem livres para entrar no processo como pessoas. Esta situação, entretanto, é às vezes passível de superação, como o demonstrou o surpreendente efeito da experiência de Camp David (de 6 a 17 de setembro de 1978), quando o Presidente egípcio Sadat e o Primeiro-Ministro israelense Begin foram capazes de abandonar temporariamente seus papéis oficiais e conversarem e abraçarem-se como pessoas.

3. Ainda não nos sentimos seguros de nossas habilidades para lidar com revolucionários violentos e terroristas, embora tenhamos caminhado neste sentido num grupo que continha militantes católicos e protestantes de Belfast (veja McGaw, Rice e Rogers, 1973).

4. Não resolvemos o "problema da reinserção" — pessoas que parecem regredir naquilo que conseguiram no *workshop*, quando retornam ao lar. Temos, entretanto, conseguido progressos nesse campo, discutindo os possíveis problemas antes do término do *workshop* e formando redes de apoio que continuam após o *workshop*.

Implicações para o futuro

Um novo modelo de poder

Talvez o significado mais marcante de nosso trabalho e de maior alcance futuro seja simplesmente nosso modo de ser e agir enquanto equipe. Criar um ambiente onde o poder é compartilhado, onde os indivíduos são fortalecidos, onde os grupos são vistos como dignos de confiança e competentes para enfrentar os problemas — tudo isto é inaudito na vida comum. Nossas escolas, nosso governo, nossos negócios estão permeados da visão de que nem o indivíduo nem o grupo são dignos de confiança. Deve existir poder *sobre* eles, poder para controlar. O sistema hierárquico é inerente a toda a nossa cultura. Mesmo em muitas de nossas religiões, as pessoas são vistas como basicamente pecadoras e, portanto, carentes de disciplina e orientação. Na esfera psicológica, a psicanálise assume uma visão similar — que, no fundo, os indivíduos são repletos de impulsos inconscientes que, se não fossem controlados, criariam o caos social.

O paradigma da cultura ocidental é de que a essência das pessoas é perigosa. Assim, elas precisam ser ensinadas, guiadas e controladas por aquelas que são investidas de uma autoridade superior.

Contudo, nossa experiência e a de um número crescente de psicólogos humanistas têm demonstrado que existe um outro paradigma muito mais eficiente e construtivo para o indivíduo e para a sociedade. Segundo nosso ponto de vista, dado um clima psicológico adequado, o ser humano é digno de confiança, criativo, automotivado, poderoso e construtivo — capaz de realizar potencialidades jamais sonhadas.

O primeiro paradigma, o controle do lado ruim da natureza humana, levou a civilização à beira do desastre. Será que a sociedade chegará a reconhecer a eficácia do segundo paradigma? Esta parece ser a única esperança de sobrevivência.

Oportunidades de resolução dos desacordos internacionais

Quando li que as nove nações do Mercado Comum Europeu haviam eleito um Parlamento Europeu com cerca de 400 membros, fiquei entusiasmado com as perspectivas. Diz-se que sua função será mais simbólica que legislativa. Esse fato abre ainda mais possibilidades, uma vez que seus membros não estarão rigidamente ligados a "linhas partidárias" e poderão se expressar como pessoas. Tenho quase certeza de que uma competente equipe facilitadora internacional pode dar início, nesse diversificado congresso de nações, ao mesmo gênero de processo que descrevi — um processo admiravelmente ilustrado pelo *workshop* intercultural da Espanha, ao criar uma união harmoniosa entre indivíduos de vinte e dois países. Imaginem os membros desse parlamento internacional atingindo um ponto onde pudessem verdadeiramente ouvir, compreender e respeitar uns aos outros, onde se desenvolvesse um sentido cooperativo de comunidade, onde a humanidade fosse uma prioridade mais alta que o poder. Os resultados poderiam ser da mais profunda significação. Não quero dizer com isso que todos os problemas estariam resolvidos. De modo algum. Mas mesmo as mais difíceis tensões e exigências tornam-se mais solúveis num ambiente humano de compreensão e respeito mútuos.

Esse é apenas um exemplo da maneira pela qual nosso *know-how* na formação de comunidades poderia ser usado para resolver e dissolver tensões interculturais e internacionais. Já existe um plano de trabalho para as relações árabe-israelenses. Não se sabe se esse plano será tentado ou não. Mas o importante é que ele se encontra entre as possibilidades. Se um grupo de indivíduos, não importa quão hostis ou antagônicos sejam os seus membros, está disposto a se reunir na mesma sala, sabemos quais as atitudes e habilidades que poderão movê-los em direção ao respeito mútuo e, com o tempo, à formação de uma comunidade.

O significado para a educação

Há vários experimentos em andamento que pesquisam a possibilidade de um ensino mais centrado na pessoa. Gostaria de esboçar, em rápidas pinceladas, um quadro de como o ensino poderia ser no futuro, se utilizássemos os conhecimentos de que dispomos hoje.

Ele criaria um clima de confiança, no qual a curiosidade e o desejo natural de aprender poderiam ser alimentados e incentivados.

Ele permitiria que os estudantes, o corpo docente e os administradores se engajassem, em pé de igualdade, num processo ativo de tomada de decisão, quanto a todos os aspectos da aprendizagem.

Ele desenvolveria um sentido de comunidade na qual a competição destrutiva de hoje seria substituída pela cooperação, pelo respeito pelo outro e pelo auxílio mútuo.

Ele seria um lugar onde os estudantes prezariam a si mesmos e desenvolveriam a autoconfiança e a auto-estima.

Ele poderia criar uma situação na qual alunos e professores se descobriam cada vez mais como fonte dos valores, alcançando a consciência de que o bom da vida é interior e não depende de fontes externas.

Numa comunidade educacional como essa, os estudantes poderiam encontrar satisfação na descoberta intelectual e emocional, o que poderia levá-los a se transformarem em eternos aprendizes.

Essas proposições não "caíram do céu". Temos os conhecimentos necessários à consecução de cada um desses objetivos. O elemento incerto da questão é se nós, enquanto cultura, escolheremos concretizá-los.

Um novo nível de consciência

Mencionei o espírito transcendente de unidade que geralmente surge em nossos *workshops*. Que significado isto assume quando pensamos no futuro? Acho que outras pessoas estão mais capacitadas do que eu para responder a essa pergunta.

O historiador das idéias, Lancelot Whyte (1974), salienta que comumente, em qualquer nova evolução, forma-se uma corrente subterrânea na mente e nos sentimentos populares, que se torna cada vez mais forte, até que, de uma maneira aparentemente abrupta, irrompe sob uma forma claramente articulada em vários lugares e países. Neste sentido, acredito que, ao lado das óbvias forças destrutivas existentes em nosso planeta, existe uma corrente crescente que levará a um novo nível de consciência humana. Há um grande interesse pela cura sagrada; a aceitação da existência de forças psíquicas não desenvolvidas dentro de cada indivíduo; a comunicação misteriosa, não-verbal, tão evidente nos grupos que realizamos; o reconhecimento de que a força mais poderosa no universo não é o poder dominador, mas o amor. Não posso prever quando ou se esse conjunto de novas formas de encarar as relações entre os seres humanos e o universo se manifestará. Quero simplesmente mostrar que o sentimento comunitário harmonioso que se forma em nossos *workshops* fortalece todas as fontes isoladas dessa corrente subterrânea. Nossas experiências nos *workshops*, ao lado de muitas outras manifestações dessa corrente, significam, a meu ver, que a humanidade pode estar se dirigindo para um tipo de consciência muito diferente da que existe hoje.

Modelos-piloto

Não me iludo quanto à possibilidade de que as comunidades que formamos nos *workshops*, ou dos esforços semelhantes baseados numa filosofia centrada na pessoa, tenham alguma chance de afetar diretamente o fluxo dos acontecimentos mundiais ou as vidas das populações que habitam nosso planeta.

O que realmente acredito é que estamos desenvolvendo modelos-piloto, passíveis de utilização em larga escala, quando e se a sociedade assim o desejar. O grupo que reunimos em Belfast teve, mesmo a longo prazo, apenas um impacto infinitesimal na tumultuada situação irlandesa. Mas, como notou um observador de Belfast: "Se ao menos pudesse ter havido um grupo como esse em cada quarteirão de Belfast, *isto* teria feito uma enorme diferença!"

Minha tese é que todos devemos respeitar a vontade social. Se chegar uma época em que nossa cultura se cansar das infindáveis lutas homicidas, desistir do uso da força e da guerra como meios de promover a paz, tornar-se descontente com as meias-vidas que seus membros levam — só então nossa cultura buscará seriamente outras alternativas. Quando chegar essa hora, as pessoas não encontrarão um vazio. Descobrirão que existem meios para facilitar a resolução das disputas. Descobrirão que há maneiras de construir comunidades sem sacrificar o potencial e a criatividade da pessoa humana. Perceberão que *há* maneiras, já testadas em pequena escala, de melhorar a aprendizagem, de buscar novos valores, de elevar a consciência a níveis inesperados. Irão descobrir que existem maneiras de ser que não implicam no exercício do poder sobre pessoas ou grupos. Descobrirão que pode ser construída uma comunidade harmoniosa, baseada no respeito mútuo e no desenvolvimento pessoal crescente. A meu ver, essa é nossa contribuição básica enquanto psicólogos humanistas, baseados numa filosofia centrada na pessoa — criamos modelos operativos em pequena escala, que nossa cultura poderá utilizar quando estiver pronta para isso.

Referências bibliográficas

Bowen, M.; Justyn, J.; Kass, J.; Miller, M.; Rogers, C.R.; Rogers, N. e Wood, J.K. Evolving aspects of person-centered workshops. *Self and Society* (Londres), February 1978, *6*, 43-49.

McGaw, W. H.; Rice, C. P. e Rogers, C. R. *The Steel Shutter*. Film. Center for Stud of the Person, La Jolla, Califórnia, 1973.

Rogers, C. R. *Carl Rogers on encounter groups*. New York: Harper and Row, 1970.
Rogers, C. R. *Carl Rogers on personal power*. New York: Delacorte Press, 1977.
Slater, P. *The pursuit of loneliness*. Boston: Beacon Press, 1970.
Whyte, L. *The universe of experience*. New York: Harper and Row, 1974.

5

Seis vinhetas

Geralmente aprendo muito mais com pequenas experiências intensas, que iluminam diversos aspectos do que faço e que também ilustram, de forma expressiva, alguns dos conceitos mais abstratos da abordagem centrada na pessoa. Costumo registrá-las por escrito, tendo em vista armazená-las num banco de memória ou fornecê-las a pessoas que estejam lidando com o problema. Neste capítulo, reuni seis dessas experiências, diferentes entre si, mas cada uma ilustrativa de um ou de vários aspectos. Todas elas são histórias verdadeiras, embora também tenham algo do que caracteriza a fábula. Cada uma delas foi e continua sendo muito importante para o meu crescimento e para a minha confiança naquilo que faço.

A primeira, "Comecei a Me Perder", contém uma carta de uma jovem que descreve sua experiência terapêutica. Não conheço essa pessoa, nem conheço o terapeuta. Mas sua experiência reúne em uma carta uma verdadeira mina de ouro de ensinamentos sobre a terapia individual.

"A Caverna" é um veemente relato pessoal, novamente por carta, sobre o quanto a experiência de vazio – o vazio interior – pode tornar-se um acontecimento rico e realizador, quando aceito. É também um relato sobre o relacionamento individual na terapia.

"O Lamento de Nancy" conta um incidente que permanecerá sempre vivo na minha memória, envolvendo minha filha e Nancy, além de várias outras pessoas num grande *workshop* centrado na pessoa que visava tanto facilitar o crescimento pessoal quanto construir uma comunidade.

"Estar Junto" é uma história particularmente bem documentada dos efeitos a longo prazo de uma experiência de grupo de encontro. Estive recentemente discutindo com colegas sobre os importantes dados que disponho, seja sob a forma de cartas, seja através de contatos pessoais, sobre os efeitos a longo prazo de grupos, mesmo que durem apenas um fim de semana. Essa é uma oportunidade de apresentar esses efeitos numa série de "ins-

---
Tradução de Heloísa Lebrão.

tantâneos", que começa com a experiência original vivida por uma das participantes do *workshop* e termina com uma carta sua que recebi nove anos depois.

"O Guarda de Segurança" é um dos vários exemplos fascinantes do tipo de energia que emana de uma experiência de formação de uma comunidade. Influenciamos, sem sabermos como, pessoas que não têm nenhum contato direto com o *workshop*. Esse é um exemplo claro dessa influência.

"Um *Workshop* de Crianças" nos traz de volta à dura realidade. Além de um gratificante relato sobre como crianças pequenas respondem a um ambiente centrado na pessoa, ele retrata claramente a resistência temerosa a qualquer maneira de ser que ameace as convencionais, e em especial as estruturas de poder estabelecidas.

A meu ver, este capítulo é um *bouquet* de flores de cores e fragâncias diferentes. Foram colhidas em todas as diferentes áreas pelas quais passei nesse livro — as características de um relacionamento, a experiência interior de mudança, o impacto de uma experiência intensiva de grupo, os raios de luz que emanam de um *workshop* e que iluminam em direções inesperadas. Colhendo-as, percorri todo o jardim. Agora, eu as ofereço a vocês, como um *bouquet* reunido ao longo dos anos, e que me deu muita satisfação.

✻

1. Comecei a me perder

Caro Dr. Rogers,

Não sei como explicar quem sou ou por que estou lhe escrevendo. Sei que gostaria de lhe dizer que acabo de ler seu livro *Tornar-se Pessoa*, que me causou uma forte impressão. Encontrei-o por acaso, um dia, e comecei a lê-lo. Foi uma agradável coincidência porque exatamente agora preciso de algo que me ajude a me encontrar. Sinto que não posso fazer muito pelos outros enquanto não me encontrar.

Acho que comecei a me perder quando estava na escola secundária. Sempre quis me dedicar a um trabalho em que pudesse ajudar as pessoas, mas minha família se opôs e achei que ela tinha razão. As coisas correram calmamente para todos durante quatro ou cinco anos, até cerca de dois anos atrás. Conheci um rapaz que considerava ideal. Então, há mais ou menos um ano atrás, reparei atentamente em nós e percebi que eu era tudo o que *ele* queria que eu fosse e nada do que *eu* era. Sempre fui muito emotiva e sensível. Nunca fui capaz de expressar e identificar meus sentimentos. Meu namorado iria dizer que eu estava simplesmente louca ou feliz, e eu iria concordar e deixar por isso mesmo. Então, quando reparei realmente em nós, percebi que estava irritada porque não estava expressando minhas verdadeiras emoções.

Rompi o relacionamento delicadamente e tentei descobrir onde estavam os pedaços que eu havia perdido. Depois de passar alguns meses procurando, descobri que havia muito mais pedaços do que eu poderia lidar, não sabia nem mesmo como separá-los. Comecei a consultar um psicólogo, com quem continuo. Ele tem me ajudado a encontrar partes minhas que eu mesma não conhecia. Algumas partes são ruins, se julgadas pelos padrões vigentes em nossa sociedade, mas descobri que são muito boas para mim. Desde que o procurei tenho me sentido mais ameaçada e confusa mas também mais aliviada e segura.

Lembro-me de uma noite em particular. Fui para a minha hora normal com o psicólogo naquele dia e voltei para casa com raiva. Estava com raiva porque queria falar sobre algo, mas não identificava o que era. Por volta de oito horas, naquela noite, estava tão transtornada que tive medo. Telefonei para o psicólogo e ele me disse para ir ao seu consultório assim que pudesse. Cheguei lá e chorei durante pelo menos uma hora e então as palavras vieram. Ainda não sei tudo o que eu disse. Tudo o que sei é que saiu de mim *tanta mágoa e raiva* que eu *jamais soube que existisse*. Voltei para casa e parecia que um *estranho* havia tomado o controle de mim, e estava alucinada com alguns dos pacientes que vi no hospital estadual. Continuei a me sentir assim até uma noite em que, sentada, pensando, compreendi que esse estranho era o "eu" que estive tentando encontrar.

Notei que desde aquela noite as pessoas não mais me pareciam estranhas. Agora, parece que a minha vida está apenas começando. Neste momento, estou sozinha mas não estou com medo e não preciso estar me ocupando o tempo todo. Gosto de estar comigo e fazer dos meus pensamentos e sentimentos, amigos. Assim, aprendi a gostar de outras pessoas Um homem velho, em particular – que está muito doente – me faz sentir extremamente viva. Ele aceita todas as pessoas. Um dia, ele me disse que eu havia mudado muito. Segundo ele, eu havia começado a me abrir e a amar. Acho que sempre amei as pessoas e disse isso a ele. E ele me perguntou: "Elas sabiam disso?" Não creio que tenha expressado o meu amor mais do que expressei minha mágoa e minha raiva.

Entre outras coisas, estou descobrindo que nunca tive muito auto-respeito. E agora que estou aprendendo a gostar de mim realmente, estou finalmente encontrando paz dentro de mim mesma.Obrigada por sua parte nisso.

Vou parafrasear algumas afirmações que resumem os sentimentos e atitudes expressos na carta. Ao discuti-las tentarei explicar, em linhas gerais, o crescimento e a mudança da personalidade.

Eu estava me perdendo. As suas próprias experiências e seus significados estavam sendo negados e ela estava desenvolvendo um eu diferente do eu real, que estava se tornando cada vez mais desconhecido para ela.

Minha experiência me indicou o trabalho ao qual eu queria me dedicar, mas minha família mostrou-me que eu não podia confiar em meus próprios sentimentos. Essa frase mostra como se constrói um falso conceito do eu. Por ter aceito os significados que seus pais atribuíram à sua experiência, ela começou a desacreditar de sua própria experiência organísmica. Dificilmente ela teria introjetado os valores de seus pais referentes a este aspecto, se não tivesse tido uma longa experiência anterior de introjeção dos valores paternos. Como desacreditava cada vez mais de sua própria experiência, seu sentimento de valor pessoal diminuiu constantemente, até o momento em que praticamente não se valeu mais de sua experiência própria, ou dela mesma.

As coisas correram calmamente para todos. Que afirmação reveladora! Claro que as coisas estavam bem para aqueles que ela estava tentando agradar. Este falso eu era exatamente o que eles queriam. Somente dentro dela mesma, em algum nível profundo e desconhecido, é que existia um vago mal-estar.

Eu era tudo o que ele queria que eu fosse. Aqui, novamente, ela estava se negando a tomar contato com toda a sua experiência própria, a tal ponto que nem tinha mais realmente um eu e tentava ser alguém que outra pessoa desejava.

Finalmente, meu organismo rebelou-se e tentei reencontrar-me, mas não pude, sem ajuda. Por que, finalmente, rebelou-se e prestou atenção a seu relacionamento com o namorado? Só se pode atribuir essa revolta à tendência à realização que havia sido suprimida por tanto tempo, mas que finalmente manifestou-se. Entretanto, por ter desacreditado de sua própria experiência por um período tão longo, e por ter vivido com um eu tão diferente das experiências de seu organismo, não pôde reconstruir seu verdadeiro eu sem ajuda. A necessidade de ajuda geralmente surge quando esta discrepância é muito grande.

Agora estou descobrindo minhas experiências — algumas ruins segundo a sociedade, os pais, o namorado, mas todas boas para mim. O centro de avaliação, que anteriormente estava com seus pais, seu namorado, os outros, está agora sendo recuperado por ela. É ela quem decide o valor de sua experiência. Ela é o centro do processo de avaliação e as evidências são fornecidas por suas próprias sensações. A sociedade pode considerar ruim uma determinada experiência, mas quando esta moça consegue confiar em suas próprias avaliações, descobre que essa experiência lhe é válida e significativa.

Houve uma importante reviravolta quando o fluxo das experiências que eu vinha negando chegou próximo à consciência. Fiquei amedrontada e transtornada. Quando experiências negadas aproximam-se da consciência, sempre ocorre ansiedade, pois essas experiências previamente não admitidas terão significados que mudarão a estrutura do eu que ela havia adotado.

Qualquer mudança drástica no autoconceito é sempre uma experiência ameaçadora e assustadora. Ela estava vagamente ciente dessa ameaça, embora não soubesse ainda o que iria emergir.

Quando as experiências negadas romperam a barragem, surgiram sob a forma de mágoas e raivas que eu desconhecia completamente. A maioria das pessoas não consegue perceber o quanto uma experiência pode ser completamente excluída da consciência até o momento em que ela força sua entrada na consciência. Todo indivíduo é capaz de impedir essa entrada e negar essas experiências que poriam em perigo seu autoconceito.

Pensei ter enlouquecido, pois uma pessoa estranha tinha assumido o meu controle. Quando o autoconceito muda tão drasticamente que suas partes se destróem, a experiência resultante é assustadora. Descrevê-la como uma sensação de que um estranho assumiu o controle é totalmente pertinente.

Só gradualmente percebi que esse estranho era o meu eu real. O que ela estava descobrindo era que o eu submisso, maleável, através do qual estava vivendo, o eu guiado pelas afirmações, atitudes e expectativas dos outros, não era mais seu. Esse novo eu que pareceu tão estranho era um eu que havia tido mágoa, raiva e sentimentos que a sociedade considera ruins, que havia vivenciado alucinações desenfreadas — e amor. À medida que avançar na descoberta de seu eu, é provável que ela descubra que uma parte de sua raiva é dirigida a seus pais. As mágoas se mostrarão provenientes de várias fontes. Alguns dos sentimentos e experiências que a sociedade considera ruins, mas que ela considera bons e satisfatórios, são experiências e sentimentos provavelmente ligados à sexualidade. De qualquer modo, seu eu está se tornando muito mais plantado em suas próprias experiências viscerais. Uma outra pessoa disse algo muito parecido com a seguinte frase: "Ao invés de tentar lhe *impor* um significado, estou começando a permitir que minha experiência me diga o que ela significa". Quanto mais o autoconceito do indivíduo tem raízes nos significados de sua experiência, sentidos espontaneamente, mais ele é uma pessoa integrada.

Gosto de estar comigo e fazer amigos os meus pensamentos e sentimentos. Aí está um resumo do auto-respeito e da auto-aceitação dos quais ela esteve destituída durante tanto tempo. Está conseguindo até mesmo sentir afeição por si própria. Um dos efeitos colaterais curiosos, mas comuns, dessa mudança é que agora ela será capaz de se dar mais livremente aos outros, de gostar mais de outras pessoas, de ter um interesse mais autêntico por elas.

E comecei a me abrir e a amar. Descobrirá que se puder expressar mais o seu amor, também poderá ser mais expressiva em sua raiva e mágoa, em seus gostos e aversões, em seus pensamentos e sentimentos "desenfreados" (que se tornarão impulsos criativos). Ela está vivendo um processo de mudança de um desajustamento psicológico para um relacionamento mais saudável com os outros e com a realidade.

Estou finalmente encontrando paz dentro de mim. Ser uma pessoa integrada implica numa sensação de calma harmonia, mas ela estará enganada se pensar que essa reação é permanente. Ao contrário, se estiver realmente aberta à sua experiência, irá descobrir outros aspectos ocultos de si mesma que negou à consciência e cada uma dessas descobertas lhe trará momentos ou dias difíceis e ansiosos até que sejam assimilados a uma auto-imagem revista e modificada. Descobrirá que desenvolve-se em direção a uma congruência, entre seu organismo que sente e seu conceito de si, é uma aventura estimulante, às vezes perturbadora, mas sem fim.

2. A caverna: uma experiência em terapia

Caro Dr. Rogers,

Relendo esse resumo antes de batê-lo à máquina, percebi que acabei fazendo uma monografia cujo tom sugere que ela é endereçada a um amigo. A princípio, fiquei surpresa com minha audácia. Depois, percebi que isso realmente faz sentido. O que me aconteceu nos últimos três anos, e principalmente no mês passado, pode ser, em vários aspectos, atribuído a você. Não é de admirar que eu o sinta como um amigo — e não importa quantas vezes você tenha ouvido minha história, você sabe que para mim ela é única. Percebo também que, na verdade, não lhe contei muito sobre mim — ou, talvez, sobre meu eu exterior. Isso pode esperar. O que importa é o acontecimento.

Há cerca de um mês, em meio a um período de profunda hostilidade em relação ao meu terapeuta (Joe M —, seu aluno em Chicago), fui à procura de alguns de seus escritos. Meu propósito era reunir munição para um poderoso ataque a Joe — algo como "Ahá, olhe aqui o que seu Rogers diz — como você pode explicar *isso*, à luz da minha condição, doutor? Vocês, em sua normalidade onipotente, deveriam tentar viver desse lado, por um momento". Foi como um último suspiro numa batalha perdida — senti que se não podia levá-lo à contradição ou atormentá-lo com você, fonte de tudo para ele, eu podia desistir — nenhuma outra forma de ataque o perturbaria.

Este era, então, o meu propósito. Mas, Dr. Rogers, nunca, em toda uma vida de confusão generalizada, passei por algo que resultasse tão contrário às minhas expectativas. O que senti então, e continuo a sentir quanto mais leio sua filosofia, deve se assemelhar à experiência vagamente conhecida como revelação. Ao invés de munição para disparar contra o Joe, pressenti, na primeira leitura breve que encontrei (uma apostila do capítulo 3 do *Tornar-se Pessoa*, "As Características de uma Relação de Ajuda"), que aí estavam as explicações e as respostas para tudo pelo que vínhamos lutando durante três longos e difíceis anos de terapia. E à medida que leio mais — três livros e muitos artigos — descubro uma filosofia que consigo compreender e aceitar em todos os aspectos e que, como disse acima, tem sido quase uma revelação.

Antes de entrar nas coisas que quero compartilhar com você, direi uma palavra sobre Joe. Pois, embora o dramático rompimento súbito que parece que efetuei tenha sido provocado pelos seus escritos, sem a interferência do que Joe tem feito por mim — ou melhor, comigo — a estagnação na qual vivi toda a minha vida teria sido tão dispersiva que eu jamais poderia sequer tê-los ouvido e muito menos compreendido. Apesar do fato de ele salpicar seu rogerianismo com ocasionais investidas ellisianas*(estranha justaposição mas, ao que tudo indica, bem-sucedida comigo), esse homem é um exemplo concreto de cada um dos conceitos que você julga necessários a um relacionamento terapêutico bem-sucedido. Ele *é* congruente, ele *é* empático. Ele tem me dedicado uma consideração positiva e incondicional. E um dos momentos mais benéficos da terapia ocorreu durante cinco ou dez minutos de silêncio, quando — embora eu não o soubesse — uma paz quase palpável existiu porque nós a estávamos vivendo juntos. Finalmente, ele tem sido consistente — estável e imutável ao longo de um período que deve lhe ter sido de infelicidade e desalento.

Mas o que acho do Joe é secundário aqui. O que eu realmente quero dizer é que foi através das palavras que você escreveu que pude, pela primeira vez, realmente ver e entender o que tem acontecido comigo. Acho que é isso que me faz, num sentido figurado, prender o fôlego, e torna tão urgente comunicar a você o repentino reconhecimento do que estava realmente fazendo, a identificação de um objetivo que eu vinha apreendendo apenas vagamente, mesmo tão próxima dele. Usei repetidamente em meus escritos terapêuticos e nas sessões, a expressão "ser uma pessoa", ou melhor, "ser uma PESSOA". Eu tinha apenas um conhecimento muito vago do seu trabalho — sabia que Joe era basicamente rogeriano — sabia que ele ouvia bastante, e muitas vezes foi capaz de esclarecer idéias, conceitos, sentimentos que eu, em minha inarticulada intelectualização, estava buscando em vão. Mas quanto a tornar-me pessoa, sabia apenas que queria ser uma. Não sabia que você dedicou sua vida toda descobrindo o caminho para mim.

A coisa mais valiosa a que você me levou, certamente, algo para o qual sei que vínhamos trabalhando nesses três duros anos, foi a capacidade — ou talvez apenas minha permissão (sempre tive a de Joe) — para ter sentimentos. Descobri, de repente, que posso me sentir feliz, deprimida, sensibilizada, triste, exuberante — não há necessidade de recusar ou negar sentimentos. Se for um sentimento bom, não vou espantá-lo pelo fato de ter admitido que ele existe. Se for um sentimento ruim, reconhecê-lo não vai fazer-me ficar para sempre às voltas com ele. Realmente não existe nada estático na vida — ela *é* fluída e mutável — dinâmica, e posso ser dinâmica e mutável com ela.

---

*Referência a Albert Ellis, criador da terapia racional-emotiva.

Essa nova capacidade de sentir levou-me a alguns *insights* bastante importantes. Por exemplo: quando li pela primeira vez trechos de entrevistas em seus livros, fiquei perturbada, pois as pessoas, à medida que começavam a experienciar ao invés de intelectualizar, eram capazes de descrever claramente as sensações, sentimentos, imagens do que elas eram interiormente. Mas quando olhei para dentro de mim encontrei um vazio. Nenhum desmoronamento, nenhuma inundação, nenhuma escavação. Havia somente uma caverna. Então, com esse repentino dom do sentimento, parei de tentar intelectualizar a caverna — tentar pôr algo onde simplesmente não existia nada. E *senti*: "Então, dentro de mim é uma caverna — é vazia e limpa de todo o lixo e está à espera de ser preenchida com experiência e sentimento — esperando por MIM". E à medida que fui admitindo a caverna, ela começou a se preencher. As percepções, experiências e sentimentos são contínuos. Para cada lado a que me volto, dou um gigantesco passo à frente. Quero contar-lhe sobre dois deles — o primeiro e um outro que acredito ter sido o melhor.

O primeiro passo foi o mais dramático — porque era o primeiro, talvez. Próximo à época em que encontrei você nos livros, fui a uma convenção. Era um evento que eu aguardava sem nenhum entusiasmo, mas com uma participação oficial a cumprir, tinha que comparecer. Mas você veio antes da viagem, e a completa reviravolta pela qual meu ponto de vista estava passando evidenciou-se imediatamente e de uma maneira quase chocante. Fui sozinha — uma condição que era sinônimo de solidão em meu léxico intelectual. Mas, de repente, com meu recém-encontrado *eu*, não havia apreensão. Realmente antevi uma boa experiência, e foi. Não estava só. Não havia velhos amigos que estavam tão ansiosos pela minha companhia como eu pela deles, mas havia interessantes contatos novos a fazer. Coordenei dois *workshops* bem-sucedidos e houve, em geral, uma reação tão positiva a toda a experiência que acordei no meio da noite, em meu quarto de hotel, pensando: "Como foi bom... como estou feliz... que paz, que PESSOA".

Este foi o primeiro passo gigante — verdadeiramente gigantesco. Houve muitos mais. Um dos mais belos, creio, veio na última semana, num período bastante grave de depressão, quando descobri que o efeito de proteção eterna havia desaparecido. Sentia-me muito deprimida. Dei-me permissão para me sentir assim. Era tudo o que restava. Em alguns dias, a depressão passou, sem quaisquer tentativas frenéticas, desesperadas de minha parte de fazê-la passar e sem nenhum trauma ou medo de que ela voltasse.

Estou cada vez mais em paz comigo e com o meu mundo, e cada dia mais segura de que isso não é um acaso feliz. É real: estou vivendo um processo dinâmico de transformação. Ainda não estou no topo do mundo (talvez, como Joe sugere, esteja em torno do cinco na escala do processo), mas agora sei que um dia estarei lá. A caverna está sendo preenchida com experiências e sentimentos — e estou aí — EU — UMA PESSOA.

Quero agradecer-lhe. Mas não sei lhe dizer, como também não sei dizer a Joe, porque estou lhe agradecendo. Gostaria de escrever-lhe outra vez.

Sinceramente,

Jeniffer K.

Você conhece essas linhas? São do *Carrion Comfort*, de Gerard Manley Hopkins:
Posso;
poder algo, esperar
desejar que chegue o dia
de não escolher não ser.

3. O lamento de Nancy

Enquanto ele ainda está vivo em meus sentimentos, quero relatar um incidente que ocorreu recentemente num grande *workshop*. Era um *workshop* de dezessete dias, constituído de setenta pessoas muito diferentes, reunidas em torno da aprendizagem cognitiva e vivencial. Todos haviam freqüentado seis sessões de grupos de encontro durante os seis primeiros dias. Havia grupos que se reuniam em função de interesses específicos e reuniões, praticamente diárias, dos setenta participantes. Essas reuniões da comunidade foram se tornando mais profundas e mais constantes. Este episódio ocorreu no oitavo dia, numa reunião matinal de comunidade.

O episódio

(Este trecho é escrito na terceira pessoa porque é produto de várias pessoas. Preparei um primeiro esboço e depois mostrei-o aos participantes mais importantes. Cada um deles corrigiu ou reescreveu a parte referente aos seus próprios sentimentos e comportamentos, de forma a adequá-los à sua percepção da realidade. Conseqüentemente, acredito que este relato retrate a situação da maneira mais fiel possível. Todos os nomes são fictícios, com exceção do de minha filha Natalie e do meu.)

O grupo estava discutindo com grande sensibilidade e ouvindo todos os pontos de vista sobre a questão surgida com o fato de algumas pessoas estarem trazendo visitantes para as sessões da comunidade. Nancy era uma dessas pessoas. Havia trazido o marido à sessão anterior, mas não estava presente nessa manhã. Finalmente chegou-se a um consenso: no futuro (até aqui, não houve críticas a ninguém) qualquer pessoa que quisesse trazer um visitante deveria primeiro discutir a questão com a comunidade. O grupo passou para outro assunto.

Neste momento, Nancy chegou, muito atrasada. Ralph, tentando ser prestativo, descreveu-lhe rapidamente a conclusão a que havíamos chegado.

Nenhum de nós deu a Nancy a oportunidade de responder, embora, evidentemente, ela tenha tentado. O grupo continuou. Após alguns momentos, alguém que estava sentado próximo a Nancy mostrou que ela estava tremendo e chorando, e a comunidade imediatamente abriu o seu espaço para os sentimentos dela. A princípio parecia que ela sentia-se criticada, mas Maria explicou-lhe melhor o que havia sido discutido e ela pareceu entender que não estava sendo culpabilizada ou criticada. Mas ela ainda estava tremendo e muito perturbada porque se sentia podada. Não era a primeira vez, ela disse: ela havia se sentido podada antes. Encorajada a dizer mais, ela voltou-se para Natalie, a filha de Carl e disse: "Tenho sentido você muito fria, e você me podou duas vezes. Continuo lhe chamando de Betty (outra participante) — não sei por que — e quando fui até você para lhe contar como estava me sentindo, você apenas disse que era problema meu e foi embora".

Natalie respondeu que percebia a situação de modo muito diferente: "Percebi que você estava bastante perturbada, pois me chamou pelo nome errado, mas eu disse que embora estivesse percebendo o quanto este engano *a* perturbava, não me aborrecia, em absoluto. Reconheço que não consegui atingi-la. Acho que você realmente deseja entrar em contato comigo mas não acho que a rejeitei".

Parecia que Nancy se emocionava cada vez mais e que não ouvira ou seguramente não havia aceito a resposta de Natalie. Disse que observara o relacionamento próximo que Natalie tinha com Tereza, uma mexicana, e que talvez Natalie pudesse se relacionar bem somente com pessoas pertencentes a minorias, ao invés de pessoas como ela — alta, loura e de classe-média. Isso produziu uma furiosa explosão de Tereza que se sentiu rotulada. Foram necessários cerca de cinco minutos para reconstruir o relacionamento entre Nancy e Tereza.

O grupo trouxe Nancy de volta à questão entre ela e Natalie. Era evidente que seus sentimentos eram tão intensos que não poderiam advir simplesmente do incidente que ela mencionou. Joyce disse que havia notado que Nancy e Natalie eram parecidas — altas, magras, loiras — e que talvez Nancy estivesse sentindo que Natalie devesse ao menos relacionar-se com alguém como ela, em vez de se voltar para Tereza que era baixa e escura. Nancy pensou nisso, tentando analisar se fazia sentido, mas não demonstrou muito interesse pela idéia.

Pelo menos duas outras possíveis causas para seus sentimentos tão fortes lhe foram sugeridas de maneira cuidadosa e conjectural: à primeira, ela disse: "Estou experimentando esse chapéu, mas ele não me serve". À segunda, respondeu: "Este não parece me servir também".

Carl sentou-se "...sentindo-me totalmente confuso. Eu queria entender exatamente o que a estava perturbando, mas não conseguia *nenhuma* pista. Acredito que muitos outros estavam se sentindo da mesma maneira. Lá estava ela com lágrimas nos olhos, sentindo algo muito mais forte do que uma provável rejeição imaginária. Mas o que *era*?"

Então, Ann disse: "O que vou dizer pode ser inapropriado, mas vou dizê-lo de qualquer maneira. Quando você chegou, Nancy, pensei que você *fosse* Natalie, vocês se pareciam tanto! Sinto inveja quando vejo o relacionamento bonito e aberto entre Natalie e seu pai. Tive esse tipo de relacionamento com meu pai. Pergunto-me se existe alguma relação entre você, seu pai e Carl". "É isso!" Nancy soluçava, agindo como se tivesse sido atingida por um raio. Ela desmoronou, com um choro que vinha do fundo da alma. Entre soluços, disse: "Não chorei realmente nada na morte do meu pai... Na verdade, para mim ele morreu muito antes... Que posso *fazer*? " As pessoas responderam que ele era ainda parte dela e que ela poderia ainda estar chorando a sua morte. Ann, que estava perto dela, abraçou-a e confortou-a. Após um longo tempo, ela acalmou-se e então, com uma voz quase inaudível, pediu a Carl se ela poderia segurar-lhe a mão. Ele dirigiu-se a ela, e ela, passando através do círculo, caiu em seus braços e todo seu corpo estremeceu em soluços quando ele a abraçou. Lentamente, ela foi-se sentindo melhor e sentou-se entre Carl e Natalie, dizendo a Carl: "E você se parece com ele também, mas nunca percebi que era isso o que estava sentindo".

Quando os três se sentaram lá, de braços dados, alguém notou o quanto Nancy e Natalie se pareciam. Poderiam ser irmãs. Carl disse: "Aqui estamos, posando para um retrato de família". Nancy disse: "Mas, alguém pode perguntar, 'por que essa garota que está sentada no meio, está com um sorriso tão grande no rosto'? " E finalmente o incidente foi contornado quando o grupo todo se uniu ao seu riso cheio de alívio e de distensão.

Comentários posteriores de Carl

Estive muito envolvido pessoal e emocionalmente neste incidente que foi, creio, descrito de maneira bem precisa. Tenho pensado muito sobre ele, desde então. A facilidade com que se pode diagnosticar as causas do incidente é tentadora: Nancy, reprimindo a dor pela perda do pai diante de um bom relacionamento filha-pai, projetou sua dor em Natalie. Primeiro, ela distorce um fato e assim pode ficar brava com Natalie. Então expressa, também de forma distorcida, sua dor através da raiva pelo relacionamento próximo de Natalie com outra mulher, e assim por diante. Para mim, tais "explicações" são irrelevantes. Entretanto, quando tento examinar o incidente de outra perspectiva, ele exemplifica muitos aspectos da dinâmica existencial da mudança na personalidade e no comportamento.

1. Mostra claramente a profundidade na qual os sentimentos podem estar enterrados, de maneira a ficarem totalmente inacessíveis ao indivíduo que os possui. Neste caso, este fato é particularmente interessante, porque era óbvio para Nancy e para o grupo que ela estava sentindo *algo* muito profundamente. Mesmo assim, ela não estava identificando esse sentimento de uma forma verdadeiramente significativa. O organismo se fecha para a dor de reconhecer um sentimento com toda a clareza, se este reconhecimento implicar numa reorganização significativa do autoconceito.

2. É um exemplo esplêndido de como o fluxo de vivências (conceito de Gendlin) é usado como ponto de referência na descoberta do significado. Nancy experimentou as várias descrições e rótulos que foram dados a ela e eles não "serviram". Não serviram onde? Sem dúvida, não serviam a um processo organísmico, contra o qual ela testa a veracidade das sugestões. Mas quando Ann falou de seus próprios sentimentos, mostrando assim uma outra possibilidade, Nancy percebeu *imediatamente* e com absoluta certeza que era *isso* que estava sentindo. Correspondia perfeitamente ao que estava se passando com ela. Assim como costuma acontecer quando uma pessoa é compreendida com aceitação, Nancy foi capaz de, primeiro, vivenciar, em seus soluços, o sentimento de modo total e explícito. Depois, conseguiu sentir mais e perceber que, além de inveja, sentia muita dor, e que jamais havia chorado por seu pai, porque, para ela, ele havia morrido anos antes de sua morte real.

3. É um exemplo preciso de um momento de mudança irreversível, a pequena unidade de mudança que, reunida com outras unidades semelhantes, constitui a base da mudança da personalidade e do comportamento. Defino esses momentos de mudança da seguinte maneira: quando um sentimento previamente negado é vivido plena e completamente, tanto ao nível da expressão como no da consciência, e é aceito ao invés de ser considerado como algo errado ou ruim, ocorre uma mudança fundamental e irreversível. Mais tarde Nancy poderia, sob determinadas circunstâncias, negar a validade desse momento e acreditar que não estava sentindo inveja ou se lamentando. Entretanto, todo o seu organismo *experimentou completamente* esses sentimentos e, no máximo, ela poderia apenas temporariamente negá-los à consciência.

4. Estamos diante de um exemplo de mudança na maneira como Nancy percebe a si mesma. Ela era, a seus próprios olhos, uma pessoa muito distante de seu pai, indiferente à sua morte, enfim, uma pessoa que não se importava com isso. Possivelmente, ela também se sentiu culpada por isso. Agora, essa faceta de seu autoconceito mudou completamente — ela pode se ver como uma pessoa que deseja muito um relacionamento próximo com seu pai e que lamenta a falta disso tanto quanto a sua morte. O resultado quase inevitável dessa alteração em seu autoconceito será uma mudança em alguns de seus comportamentos. No momento, posso apenas fazer conjecturas sobre essas mudanças — possivelmente seu comportamento para com homens mais velhos mudará, ou talvez ela será capaz de sentir e expressar mais tristeza diante de outras tragédias. No momento, não podemos ter certeza.

5. É um exemplo do tipo de clima terapêutico que propicia mudanças. É um grupo interessado — um grupo cujos membros respeitam Nancy o suficiente para ouvi-la atentamente, mesmo que isto interrompa a "tarefa" que estavam realizando. Tentam, com todo o empenho, transmitir toda a compreensão possível. A autenticidade de Ann ao expôr seus próprios senti-

mentos é um exemplo da abertura e "transparência" dos membros do grupo. Todos os ingredientes necessários ao crescimento e à mudança estavam presentes e Nancy pôde utilizá-los.

6. É uma prova emocionante de que esse clima propício ao crescimento pode acontecer mesmo em grupos grandes como esse. Sessenta e nove pessoas podem ser terapeutas, talvez até mais eficazes que uma só, se o grupo for digno de confiança e se o indivíduo puder chegar a *perceber* isto e a acreditar que os outros se importam com ele, o compreendem e estão sendo genuínos.

Esse incidente é uma pequena preciosidade — me foi pessoalmente significativo e ao mesmo tempo rico em implicações teóricas.

4. "Estar" junto: relatório de um acompanhamento de nove anos

No fim dos anos sessenta, a equipe do Centro de Estudos da Pessoa foi convidada a trabalhar num programa de mudança educacional autodirigida no Immaculate Heart College e sua Escola Secundária, em Montecito, Califórnia. Em poucos meses estávamos profundamente envolvidos em todos os tipos de grupos intensivos em ambas as instituições. Um dos pequenos grupos que facilitei era composto de garotas ginasianas eleitas para desempenhar uma função de responsabilidade — ao lado de alguns de seus professores. Aprendi muito com esse grupo, pois jamais havia trabalhado muito com adolescentes de nível ginasial.

Quase nove anos depois recebi uma carta de uma dessas meninas. Lembrava-me muito bem dela e de nossos momentos juntos. Minhas lembranças eram tão claras que me perguntei se eu não havia escrito sobre elas. Descobri que sim (Rogers, 1970). Meu relato da experiência que Ann e eu tivemos há nove anos atrás é o seguinte:

"Repelente, é isso que eu sou"

Um elemento que mantém as pessoas fechadas em sua solidão é a convicção de que seu eu real — o eu interior, o eu escondido dos demais — é um eu que ninguém poderia amar. É muito fácil identificar a origem desse sentimento. Se os sentimentos espontâneos de uma criança, suas atitudes reais, forem com freqüência desaprovados pelos pais e pelos outros, ela acabará por introjetar essa mesma atitude e por sentir que suas reações espontâneas e o eu que realmente é constituem uma pessoa a quem ninguém poderia amar.

Talvez um incidente ocorrido recentemente num grupo de garotas ginasianas e alguns membros do corpo docente seja ilustrativo da maneira como a solidão é descoberta gradualmente, tanto pelo indivíduo como pelo grupo, e do medo profundo e interior de não ser aceito que existe, mesmo numa pessoa que exteriormente é uma pessoa adorável. Ann era uma garota bastante quieta nesse grupo, mas obviamente sincera e séria. Era uma boa aluna, uma líder efetiva na organização que a elegeu como re-

presentante. Logo no início do encontro de fim de semana ela expressou alguns dos momentos difíceis pelos quais vinha passando. Ela descobriu-se questionando sua fé religiosa, questionando alguns de seus valores, sentindo-se muito incerta quanto às respostas a essas questões e sentindo até mesmo um certo desespero. Ela sabia que as respostas deveriam vir de dentro dela, mas elas não pareciam estar vindo e isso a amedrontava. Alguns membros do grupo tentaram reassegurá-la, mas não adiantou. Em outro momento, ela mencionou que freqüentemente outros alunos a procuravam para discutir os seus problemas. Sentia que era bastante acessível a eles e que ficava satisfeita quando podia prestar ajuda a outra pessoa.

No dia seguinte, expressou alguns sentimentos comoventes, e o grupo permaneceu em silêncio por um longo tempo. Ann finalmente o interrompeu com algumas questões altamente intelectuais – perfeitamente razoáveis, mas de alguma maneira nada apropriadas ao que estava acontecendo. Senti, em algum nível intuitivo, que ela não estava dizendo o que queria dizer, mas não deu nenhuma pista que permitisse apreender sua real mensagem. Percebi que eu estava querendo passar para o outro lado e sentar-me a seu lado, mas este impulso pareceu-me maluco, uma vez que ela não estava, de nenhum modo perceptível, pedindo ajuda. O impulso era tão forte, entretanto, que corri o risco, cruzei a sala e perguntei se poderia me sentar a seu lado na almofada, sentindo que existia uma grande chance de ser repelido. Ela me abriu espaço e tão logo me sentei, ela pulou no meu colo, jogou a cabeça sobre o meu ombro e irrompeu em soluços.

"Há quanto tempo você vem chorando?", perguntei-lhe.
"Não tenho chorado", respondeu.
"Não, quero dizer, há quanto tempo você vem chorando por dentro?"
"Oito meses."

Simplesmente segurei-a como uma criança, até que os soluços se acalmaram. Pouco a pouco, ela tornou-se capaz de contar o que a estava perturbando. Sentia que podia ajudar aos outros mas que ninguém poderia amá-la e, portanto, ninguém poderia ajudá-la. Sugeri que se voltasse e olhasse para o grupo e ela veria muitos rostos preocupados ao seu redor. Então, um dos membros, uma freira, contou como ela passou por um período semelhante em sua vida – dúvida, desespero e sentimento de não ser amada. Outros membros do grupo também ajudaram. Então Ann revelou que seus pais haviam-se separado. Sentia imensa falta do pai e o fato de ter um homem que demonstrasse interesse e preocupação por ela significava muito. É evidente que intuitivamente agi com sabedoria mas não tenho a menor idéia de como isso se deu. Entretanto, aí estava uma menina a quem quase todos considerariam como uma pessoa adorável e encantadora, embora, por dentro, ela se visse como alguém incapaz de ser amada. Meu interesse e o dos demais membros do grupo contribuíram muito para mudar essa percepção (p. 111-113).

Depois desse grupo de fim de semana, recebi várias cartas de Ann contando o quanto a experiência significou para ela. Disse que ainda tem muitas dúvidas e questões, mas a falta de esperanças, os sentimentos de solidão e de não ser amada desapareceram.

Cerca de seis meses mais tarde, eu estava no estacionamento do *campus* do Immaculate Heart. Um carro, com várias meninas, parou. Ann saltou e veio ao meu encontro. Abraçamo-nos calorosamente. Era evidente que ela se sentia segura e protegida em seu relacionamento comigo.

Agora, nove anos depois, chega esta carta:

Caro Carl,

Anos atrás, na escola secundária (Immaculate Heart), tive bastante sorte em fazer parte do seu grupo de sensibilização, durante um fim de semana em Montecito. No último verão, freqüentei o Programa de Graduação do San Jose State, para obter minha licença para lecionar, e eis que, nas aulas de Sociologia, tivemos que ler *Liberdade para Aprender*, escrito por você. Meus pensamentos voltavam-se para você a todo momento, repetidamente, e tive que lhe enviar essa carta para dizer como foi importante *estar* com você há anos atrás. Há nove anos, estava tão claro como hoje o quanto é real, honesta, genuína, válida e verdadeira sua abordagem humana. No entanto, eu não podia imaginar, na época, o valor que essa experiência viria a ter para mim, mais tarde, como adulta numa sociedade onde eu me acredito livre, livre para ser, para pensar, agir e sentir. Você me inspirou, há anos atrás, a liberdade de sentir, de tocar, de conseguir e de ser honesta. Agradeço-lhe por essa coragem e pela liberdade que tem sido possível fazer surgir em outras pessoas que encontro. O desafio é maior a cada dia – na verdade anseio por alguma experiência de encontro com você novamente – você ainda está nessa área? Envio-lhe meu amor e espero que você esteja bem.

A paz esteja com você

Ann

Se for preciso demonstrar a importância de um relacionamento real, carinhoso e compreensivo, embora breve, esse é o tipo de experiência que fornece essa prova.

5. O guarda de segurança

O guarda de segurança da porta lateral do Edifício Odontológico, onde realizamos nosso *workshop* de tempo integral, sábado e domingo, era um rapaz amistoso e prestativo. Perguntamos seu nome, era Herman. Herman tinha que permanecer sentado à porta o tempo todo, exceto quando revezava rapidamente com um amigo. Podia ser visto da mesa de inscrições, onde Berenice, com sua extraordinária memória para nomes, recepcionava os participantes, conferia seus nomes e conversava rapidamente com cada um, alguns dos quais conhecia desde o *workshop* do verão anterior e outros que conhecia superficialmente, apenas por telefone. Herman viu as pessoas entrarem no sábado de manhã, saírem para as refeições, voltarem e saírem à noite. Depois as viu repetir o mesmo processo no domingo. Sem dúvida ele viu nosso folheto, colado próximo ao elevador, que descrevia nossos objetivos e dava o número de telefone de Berenice. Mas nosso *workshop* acontecia a dois andares acima, e ele jamais sequer viu o grupo todo de mais de cem pessoas reunidas na sala.

Assim, foi uma surpresa quando na sexta-feira seguinte, às seis horas da tarde, o telefone de Berenice tocou. O diálogo que se seguiu foi mais ou menos assim:

Berenice: *Alô. (Habitual voz amistosa.)*
Herman: *Ahn, aqui quem fala é Herman, o guarda de segurança do Edifício Odontológico.*
Berenice: *Oh, Herman! Que prazer em ouvi-lo.*
Herman: *Você se lembra de mim? (Um pouco incrédulo.)*
Berenice: *Claro! Lamento não tê-lo visto domingo à noite para agradecer por toda a sua ajuda. A equipe saiu muito tarde e outro guarda já havia tomado o seu lugar.*
Herman: *Bom, ahn, conversei sobre isso com minha mulher, e nós gostaríamos de participar de um de seus* workshops. *É verdade mesmo que a gente só paga o que puder?*
Berenice: *É isso sim. (Ele precisou confirmar esse ponto mais duas vezes durante a conversa, parecendo achar inacreditável.)... Dê-me seu nome e endereço e eu colocarei você na lista de correspondência, assim você receberá qualquer informação sobre o que estiver acontecendo.*
Herman: *Quando será o próximo?*
Berenice: *Não sei. Talvez no próximo outono.*
Herman: *Antes disso não vai ter? (Ele parecia muito desapontado. Então, após uma pausa.) Posso chamá-la de Berenice?*
Berenice: *Sim, claro.*

Como Herman – com tão pouco contato direto com o *workshop* ou seus participantes – colheu tantas informações a ponto de, voltando para casa, descrevê-lo à sua mulher em termos que a intrigaram, fazendo com que ambos decidissem participar, e ele corresse o risco de telefonar? Parece estranho. Mas pensando bem, ele dispunha de muitas evidências, mesmo sem jamais ter visto realmente o grupo em ação.

Ele viu o calor de Berenice e seu interesse pelas pessoas, o que obviamente o impressionou.

Ele viu as pessoas saindo, de braços dados, para as refeições, conversando animadamente entre si.

Ele viu a despedida final, quando as pessoas deixaram o edifício no domingo à noite, abraçando-se, trocando números de telefone, ansiosos por tornarem a se ver.

Entretanto, mais que tudo, deve ter visto a mudança ocorrida nas pessoas. Viu cem pessoas entrarem nesse edifício formidável no sábado pela manhã, um pouco tensas e ansiosas, no máximo cumprimentando-se reservadamente. Viu essas mesmas pessoas saindo no domingo à noite, claramente transformadas em amigos próximos, calorosos, carinhosos, comunicativos, emanando o "auge" que haviam alcançado. A mudança deve ter parecido um pouco miraculosa para um homem que seguramente tinha visto o início e o final de muitas conferências de Odontologia.

Em outros *workshops*, tive provas similares de que havíamos afetado a equipe da cozinha, ou o pessoal da manutenção, ou as empregadas. Acho que um *workshop* irradia tantas emanações vitais, tantas "vibrações positivas" que elas acabam sendo captadas por muitas pessoas que não têm relação alguma com as sessões grupais.

Mas a história de Herman parece-me especial e extraordinariamente convincente.

6. Um "workshop" de crianças

Bárbara Williams é uma mulher tranqüila que exteriormente apresenta poucos sinais da determinação e dos objetivos que delinearam sua vida e suas controvertidas atividades. Sozinha, fundou uma escola inovadora numa comunidade do Colorado, notoriamente conservadora. Atualmente a escola pertence, em termos materiais e psicológicos, aos alunos, pais e professores. Baseia-se numa filosofia centrada na pessoa.

Talvez um incidente exprima a natureza não-convencional da aventura. Uma vez fundada a escola, pediu-se aos alunos que escolhessem seu nome. O nome que encabeçava a lista era: "A Velha Escola Boba"*, símbolo da natureza criativa do empreendimento e da sintonia dos alunos com esse espírito. Então, para dar um toque de prestígio, o nome foi revisto para "A Escola Bobolha"** e esse nome permaneceu!

Recentemente, Bárbara escreveu, contando-me sobre suas idéias mais recentes e sobre a rejeição inicial que sofreu por parte da comunidade.

Caro Carl,

Li apenas o prefácio de seu livro sobre o Poder Pessoal e imediatamente fiquei impressionada com a expressão "caminhar suavemente pela vida". Sinto que é isso que fiz e continuo fazendo. Estava entusiasmada com a "Bobolha", falava sobre ela e sobre a idéia de uma escola centrada no aluno e todos me diziam que era impossível (que eu não era realista, mas idealista demais). Não disse mais nada. Agora, depois de sete anos e muito trabalho, ela é uma bela escola centrada no aluno. É tudo e mais do que imaginei e sinto-me bem − a teoria funciona mesmo.

Temo que isso esteja acontecendo novamente. Tive a idéia de fazer um *workshop* de crianças. Acredito que as crianças são mais capazes de autenticidade, de consideração positiva incondicional, de comunicação direta, de empatia e de se valerem da fantasia e da espontaneidade rumo

---

*No original, "De Silly Ol' School". (N. do T.)
**No original, "De Sillio School". (N. do T.)

ao autocrescimento. O grupo seria uma espécie de grupo de apoio, que ajudaria a se tornarem ainda mais cientes dessas habilidades que elas já têm, a desenvolvê-las e a conservá-las durante seu autodesenvolvimento, à medida que crescem num mundo adulto e numa cultura que tendem a apagar essas características.

Fiquei toda entusiasmada com essa idéia e decidi fazer um *workshop* de crianças e passei bastante tempo saindo e contando a todos sobre isso, como, por exemplo, ao pessoal da Clínica de Saúde Mental e a todos que me ocorressem. Afixei cartazes em toda parte também e não recebi *nenhum* chamado, nem mesmo pedindo informações. Nunca acho minhas idéias tão estranhas e sempre me surpreendo quando os outros as consideram assim.

No outono passado, decidi conversar com as crianças da "Bobolha" sobre a idéia de um *workshop* e, para a minha surpresa, pais e crianças ficaram entusiasmados e os pais se mostraram dispostos a pagar. Assim, fiz uma série de *workshops*, as pessoas me pedem outro e sempre que ·vejo as crianças elas me imploram outra série.

São crianças (um grupo de dez) de seis a treze anos que sabiam que não precisavam ir ou fazer nada que não quisessem e que poderiam sair a qualquer momento. Ainda estou confusa com os resultados e com o significado disso tudo. Em uma frase, as crianças pareceram entender imediatamente o que eu queria dizer quando acreditava que elas tinham a capacidade de serem reais, de se comunicarem diretamente, e como isso é diferente da maior parte de nossa cultura e do mundo adulto, mas que eu acreditava que elas tinham condições de desenvolver essas qualidades, torná-las mais conscientes e preservá-las, à medida que crescessem.

Duas dessas crianças são um pouco hiperativas e jamais esquecerei sua imagem no momento em que lhes disse tudo isso — de repente, ficaram imóveis, arregalaram os olhos, começaram a sacudir a cabeça afirmativamente e mergulharam no *workshop*. Todas reagiram dessa maneira, mesmo aquelas que normalmente não se envolviam em nada, tinham problemas em casa, etc. Ainda não consigo acreditar. Houve uma mudança nos comportamentos e problemas, em casa e na escola, e as pessoas comentavam. Era como assistir a um acontecimento mágico, com o qual eu tivesse pouco a ver. Acho que atingiu algo muito profundo nas crianças, algo que elas puderam reconhecer e usar imediatamente. Acho que o mesmo poderia se dar com todas as crianças. Desnecessário dizer, estou muito entusiasmada e intrigada com tudo isso. Ainda não sei onde posso chegar.

Pensei na possibilidade de trabalhar para outros centros de desenvolvimento formando grupos, por exemplo, ou talvez organizando um *workshop* para crianças, ao mesmo tempo em que os pais participassem de um *workshop* para eles. Esses pensamentos são ainda muito novos para mim e não tenho a menor idéia se algo semelhante seria possível ou mesmo como fazer para descobrir.

Considero esse depoimento especialmente revelador da luta pela qual qualquer idéia verdadeiramente inovadora passa em seus estágios de formação. A princípio, é vista como ridícula e impossível. Quando surgem provas de que num ambiente pronto para aceitar o novo, a idéia *não* é ridícula e *é* possível, ainda assim ela é inaceitável para a comunidade como um todo. Professamos todos um grande interesse pelo bem-estar, pelo melhor ajustamento das crianças. Mesmo assim, um projeto que promove ambos é completamente inaceitável para a maioria das pessoas, porque ameaça a maneira convencional de pensar, as relações de poder convencionais e as instituições convencionais.

Vejo uma longa e árdua estrada à frente desse projeto tão promissor.

Referência bibliográfica

Rogers, C. R. *Carl Rogers on encounter groups.* New York: Harper and Row, 1970.

Parte III

O processo educacional e seu futuro

6

Para além do divisor de águas: onde agora?

Neste capítulo, trato de vários assuntos relativos à educação humanística. Seu conteúdo reúne palestras que fiz a grupos de educadores, entre 1972 e 1979. Embora enfatize os progressos inovadores que estão ocorrendo, não subestimo a tendência atual ao conservador e ao tradicional.

Um dos elementos que trago à tona é a dimensão do poder presente na educação. Demorei para reconhecê-la. Passaram-se muitos anos antes que eu percebesse por que meus trabalhos e meu modo de aconselhar e ensinar foram objeto de tanta controvérsia. Somente nos últimos anos percebi o quanto meus pontos de vista foram ameaçadores. Se aceitos, eles efetivamente reduzem o poder político de terapeutas ou professores, os quais não têm mais "poder sobre" outros indivíduos. Neste capítulo, procuro tornar mais clara a ameaça – para o administrador, para o professor e até mesmo para o aluno – contida numa abordagem centrada na pessoa quando aplicada à educação.

Apresento também os resultados estimulantes de pesquisas recentes que comprovam a eficácia da aplicação da visão humanista à educação. O fato de sólidos esforços de pesquisa empreendidos por David Aspy, Flora Roebuck e seus colaboradores terem passado relativamente despercebidos nos meios educacionais deixou-me intrigado. Pergunto-me se é porque eles estão fazendo um novo tipo de pesquisa ou se os resultados são, novamente, ameaçadores demais. Não sei.

No final do capítulo, deixei minha imaginação vagar pelas possíveis fronteiras futuras da aprendizagem, especialmente as fronteiras da investigação. Neste momento, meus pensamentos são um tanto "ousados" e podem surpreender a alguns leitores. Mas deixarei o capítulo falar por si.

*

Tradução de Heloísa Lebrão.

Cruzando o divisor

Estou convencido de que a aprendizagem inovadora, humanística, vivencial, seja dentro ou fora da sala de aula, chegou para ficar e tem futuro. Portanto, não vou somente protestar contra o que *acontece* em educação. Vou também fazer prospecções. Estamos além da fronteira. Vou explicar o que quero dizer com isso.

Quando os primeiros exploradores e pioneiros puseram-se a caminho do Oeste, seguiram rios e cursos d'água. Por um longo tempo, viajaram rio acima, sempre contra a corrente, que se tornava cada vez mais rápida à medida que eles subiam colinas e montanhas. Então, chegou o momento em que eles ultrapassaram o divisor hidrográfico. A caminhada ainda era muito difícil, as correntes não eram mais que filetes d'água. Mas agora eles estavam deslocando-se *com* a corrente, que desaguava em rios mais fortes e maiores. Havia, então, forças poderosas trabalhando *para* eles, não mais contra eles.

Creio que é aí que nos encontramos hoje, em matéria de educação. Ultrapassamos a linha divisória das águas. Agora, ao invés de uns poucos pioneiros solitários, encontramos um fluxo crescente em direção a uma educação mais saudável para os homens. Toda cidade tem suas escolas alternativas, suas escolas livres e suas classes abertas. Ao nível universitário, recebo cartas de professores de astronomia, matemática, engenharia mecânica, francês, química, biologia, psicologia, inglês — todos contando-me os passos dados na tentativa de permitir aos alunos liberdade para aprender, e as satisfações daí advindas. Os créditos acadêmicos têm sido dados até mesmo para aprendizagens realizadas fora da escola. Há ainda outros sinais de mudança. Faço parte de um programa no qual novecentos médicos educadores têm participado de *workshops* sobre a humanização do ensino médico. Atualmente, estão solicitando a ajuda de consultores na consecução dessa meta em suas diversas escolas médicas. Desabrocham universidades abertas, programas de estudo autônomo, faculdades que permitem aos alunos mais autonomia. Somos uma corrente que não pode mais ser ignorada na educação americana.

A política do poder

Embora uma forma humana de educação tenha chegado para ficar, seguramente ela não é o tipo de educação predominante. Portanto, gostaria de examinar os dois pólos de nossos modelos educacionais e a política implícita em cada um deles.

Antes de prosseguir, preciso esclarecer o que entendo pela palavra "política". Não estou, em absoluto, pensando em partidos políticos ou organizações governamentais. Estou usando o termo em seu sentido moderno. Ouvimos falar de "política da família", ou "política de psicoterapia", ou "política sexual". Nesse sentido atual, creio que a palavra "política" se refere ao poder ou controle nos relacionamentos interpessoais e à luta das pessoas para conseguir esse poder — ou para renunciar a ele. Refere-se ao modo pelo qual as decisões são tomadas. Quem as toma? Onde é o *locus* ou centro do poder de tomada de decisões? "Política" diz respeito aos efeitos de tais ações orientadas para o poder sobre indivíduos ou sistemas. Portanto, quando emprego o termo "política", tenho em mente esses significados.

O modelo tradicional

Quando consideramos as características políticas da educação, percebemos que o modelo tradicional situa-se num dos pólos de um contínuo que tem em seu pólo oposto uma abordagem centrada na pessoa. Todo empreendimento educacional e todo educador podem ser localizados em algum ponto dessa escala. Você pode estar querendo saber onde você, ou seu departamento, ou sua instituição se encontraria, nesse contínuo.

Examinemos, em primeiro lugar, a educação convencional, tal como a conhecemos há muito tempo nos Estados Unidos. Suas principais características, tanto do ponto de vista dos alunos como dos professores, são as seguintes:

1. *Os professores são os possuidores de conhecimento, os alunos são os supostos recipientes.* Os professores são os peritos; eles conhecem os seus campos. Os alunos sentam-se com caderno e lápis na mão, esperando pelas palavras sábias. Há uma grande diferença de *status* entre educadores e alunos.

2. *A aula expositiva, ou outros recursos de instrução verbal, é o principal recurso para incutir conhecimentos nos recipientes. Os exames medem o quanto os alunos os adquiriram. Esses são os elementos centrais desse tipo de educação.* Por que a aula expositiva é considerada o principal recurso do ensino? Para mim isto constitui um verdadeiro mistério. As aulas expositivas tinham sentido antes da publicação dos livros, mas a razão atual de sua continuidade quase nunca é explicitada. A ênfase cada vez maior nos exames também constitui um mistério. Com certeza, sua importância aumentou muito nas últimas décadas nos Estados Unidos.

3. *Os professores são os detentores do poder, os alunos os que obedecem.* (Os administradores também são detentores de poder e os professores e alunos os que obedecem.) O controle é sempre exercido de cima para baixo.

4. *Dominar através da autoridade é a política vigente na sala de aula.* Os professores novos são freqüentemente avisados: "Consiga o controle de seus alunos logo no primeiro dia". A figura da autoridade — o professor — é a figura central na educação. Ele ou ela pode ser muito admirado(a) ou menosprezado(a) como fonte de conhecimento, mas é sempre o centro.

5. *A confiança é mínima.* O mais surpreendente é a falta de confiança do professor em relação aos alunos. Não se espera que os alunos produzam satisfatoriamente sem a constante supervisão e fiscalização do professor. A desconfiança dos alunos para com o professor é mais difusa — uma falta de confiança nos motivos, na honestidade, na integridade, na competência do professor. Pode se estabelecer uma verdadeira relação entre um conferencista cativante e aqueles que estão sendo entretidos; pode haver admiração pelo professor, mas confiança mútua não é um componente digno de nota.

6. *Os sujeitos (os alunos) são mais bem governados se mantidos num estado intermitente ou constante de medo.* Atualmente não existe mais muita punição física, mas a crítica, o ridículo e o medo do fracasso, constantes nos alunos, são ainda mais potentes. Minha experiência tem-me mostrado que esse estado de medo aumenta à medida que subimos na escala educacional, pois o estudante tem mais a perder. Na escola primária, o indivíduo pode ser objeto de desprezo ou considerado burro. No secundário, a isso se acrescenta o medo de não conseguir se formar com as conseqüentes desvantagens vocacionais, econômicas e educacionais. Na faculdade todas essas conseqüências assumem proporções maiores e mais dramáticas. No nível de pós-graduação, a tutela exercida por um único professor catedrático aumenta a possibilidade de punições extremas, decorrentes de um abuso de poder. Muitos alunos pós-graduados não conseguiram obter seus títulos porque recusaram-se a obedecer ou a aceitar todas as vontades de seus professores-orientadores. A posição deles assemelha-se à de um escravo, sujeito ao poder de vida e morte do seu senhor.

7. *A democracia e seus valores são ignorados e desdenhados na prática.* Os alunos não participam da escolha de suas metas, currículos ou estilos de estudo individuais. Escolhe-se por eles. Os alunos não tomam parte na escolha dos professores, nem têm voz na política educacional. Da mesma maneira, os professores geralmente não têm chance alguma de escolher seus diretores administrativos. Os professores, via de regra, não participam na elaboração da política educacional. Tudo isso está em surpreendente contradição com tudo o que se ensina *sobre* as virtudes da democracia, a importância do "mundo livre", e outras coisas mais. As práticas políticas da escola estão na mais surpreendente contradição com o que é ensinado. Enquanto lhes é ensinado que a liberdade e a responsabilidade são gloriosas características de "nossa democracia", os alunos se sentem impotentes, sem liberdade e sem praticamente nenhuma oportunidade para fazer escolhas ou ter responsabilidades.

8. *Não há lugar para pessoas inteiras no sistema educacional, só há lugar para seus intelectos.* Na escola elementar, a curiosidade impetuosa e a energia física transbordante, características da criança normal, são restringidas e, se possível, sufocadas. No ginásio e no colégio, um dos interesses oprimidos em todos os estudantes — o sexo e os relacionamentos emocionais e físicos decorrentes — é quase totalmente ignorado e certamente não é visto

como uma área fundamental de aprendizado. Há muito pouco lugar para as emoções na escola secundária. Na faculdade, a situação é ainda mais extrema — *apenas* a *mente* é bem-vinda.

Se vocês acham que esse panorama desapareceu ou que estou exagerando, basta recorrer ao *Los Angeles Times* de 13 de dezembro de 1974. Lá, veremos que a Universidade da Califórnia (incluindo todas as Universidades estatais — Berkeley, Universidade da Califórnia em Los Angeles e outras) está usando influências políticas para manter John Vasconcellos, um parlamentar estadual, afastado de qualquer comissão que se ocupe da política universitária. Vasconcellos, nos três anos precedentes, dirigiu, com distinção, um estudo legislativo sobre o ensino superior. E por que a Universidade está tentando mantê-lo à parte de tudo o que se refira à política universitária? Por causa de duas mudanças que ele defende: primeiro, ele quer destinar uma porcentagem do orçamento para programas educacionais inovadores. Os diretores universitários se opõem totalmente a isso. Mas a razão principal para esta oposição, segundo o Dr. Jay Michael, vice-presidente da Universidade, é que ele é a favor da inclusão da aprendizagem "afetiva e cognitiva". Diz Michael: "Acreditamos... há um conhecimento independente e à parte do que uma pessoa sente... e que o conhecimento acumulado pela espécie humana é cognitivo e pode ser transmitido, ensinado e aprendido. A pesquisa acadêmica é exatamente a busca desse tipo de conhecimento". E continua: "Parece-nos que ele (Vasconcellos) gostaria de abandonar a aprendizagem cognitiva ou pelo menos diminuir sua importância a um nível inaceitável pela comunidade acadêmica".

Vasconcellos responde que valoriza as habilidades cognitivas, "mas também acredito que o componente afetivo, emocional... é extremamente importante". Ele acredita que as habilidades cognitivas deveriam vir associadas a um melhor conhecimento do eu e do comportamento interpessoal.

A política dessa discordância é fascinante. O vice-presidente defende claramente a teoria "jarro e caneca" do ensino, segundo a qual o professor possui o conhecimento puramente intelectual e factual e o transfere a recipientes passivos. Dr. Michael sente-se tão ameaçado por qualquer possibilidade de mudança que se opõe a *qualquer* inovação nos procedimentos educacionais. Porém, mais ameaçadora do que tudo é a idéia de que os professores e os estudantes, sem distinção, são *humanos*, na medida em que vivenciam um componente emocional em todo conhecimento. Se isso fosse pelo menos parcialmente admitido, alunos e professores estariam numa situação de mais igualdade e a política da dominação seria enfraquecida. Essa é a posição de um alto funcionário de um dos "grandes" sistemas universitários em 1975! Ele é contrário à inovação, ele é contrário à aprendizagem da pessoa como um todo!

Este quadro tradicional do ensino é extremamente comum. Tenho a certeza de que todos nós o presenciamos e o experienciamos. Agora, no entanto, ele não é mais visto como *o* e o único meio pelo qual o ensino pode se dar. O modo de aprendizagem humanístico, centrado na pessoa, orientado para o processo, progrediu muito. Isso justifica tentarmos descrever os aspectos característicos de tal aprendizagem em ação. Farei, a seguir, uma tentativa, sem perder de vista a política do empreendimento.

Os fundamentos de um centro de aprendizagem centrado na pessoa

O primeiro aspecto fundamental é, basicamente, uma pré-condição. Os demais constituem características que podem ser vivenciadas ou observadas em qualquer escola, faculdade ou universidade onde a educação humanística tenha sido implantada.

1. *Pré-condição*. Os líderes, ou pessoas percebidas como representantes da autoridade na situação, são suficientemente seguras interiormente e em seus relacionamentos pessoais, de modo a confiarem na capacidade das outras pessoas de pensar, sentir e aprender por si mesmas. Quando essa pré-condição existe, os aspectos seguintes tornam-se possíveis e tendem a ser efetivados.

2. *As pessoas facilitadoras compartilham com as outras – os estudantes, e se possível também os pais ou os membros da comunidade – a responsabilidade pelo processo de aprendizagem*. O planejamento do currículo, o tipo de administração e de funcionamento, as finanças e a política são da responsabilidade do grupo envolvido. Assim, uma classe pode ser responsável por seu próprio currículo, mas o grupo todo pode ser responsável pela política global. Qualquer que seja o caso, a responsabilidade é sempre dividida.

3. *Os facilitadores oferecem recursos de aprendizagem – de dentro de si mesmos, de suas próprias experiências, de livros ou de outros materiais ou de experiências da comunidade*. Os alunos são encorajados a acrescentar recursos de que tenham conhecimento ou com os quais tenham experiência. Os facilitadores abrem as portas para recursos externos, à experiência do grupo.

4. *Os estudantes desenvolvem seus próprios programas de aprendizagem, individualmente ou em cooperação*. Explorando seus próprios interesses, defrontando-se com essa riqueza de recursos, cada um escolhe os caminhos que deseja percorrer no processo de aprendizagem e assume a responsabilidade pelas conseqüências dessas escolhas.

5. *Cria-se um clima facilitador da aprendizagem*. Nas reuniões da classe ou da escola como um todo, é evidente uma atmosfera de autenticidade, interesse e atenção. Esse clima pode provir inicialmente da pessoa percebida como líder. À medida que o processo de aprendizagem continua, ele é cada

vez mais criado pelos próprios alunos uns em relação aos outros. Aprender uns com os outros torna-se tão importante quanto aprender nos livros e filmes ou com as experiências da comunidade.

6. *O foco da aprendizagem é, primordialmente, a promoção da continuidade do processo de aprendizagem.* O conteúdo da aprendizagem, embora significativo, fica num plano secundário. Assim, um curso termina com sucesso não quando os alunos "aprenderam tudo o que precisam saber", mas quando fizeram um progresso significativo na aprendizagem de *como aprender* o que querem saber.

7. *A disciplina necessária à consecução das metas dos estudantes é a autodisciplina*, e é reconhecida e aceita pelos alunos como de sua responsabilidade. A autodisciplina substitui a disciplina externa.

8. *A avaliação da extensão e do significado da aprendizagem de cada aluno é feita primordialmente pelo próprio aluno*, embora as auto-avaliações possam ser influenciadas e enriquecidas por um *feedback* cuidadoso de outros membros do grupo ou do facilitador.

9. *Neste clima de promoção do crescimento, a aprendizagem tende a ser mais profunda, processar-se mais rapidamente e ser mais penetrante na vida e no comportamento dos alunos do que a aprendizagem realizada na sala de aula tradicional.* Isso se dá porque a direção é auto-escolhida, a aprendizagem é auto-iniciada e as pessoas estão empenhadas no processo de uma forma global, com sentimentos e paixões tanto quanto com o intelecto. (Adiante, neste capítulo, descreverei algumas pesquisas que confirmam essa afirmação.)

A política de um ensino centrado na pessoa

Talvez possamos analisar melhor as implicações políticas dessa abordagem refletindo sobre a definição dada anteriormente neste capítulo e tentando aplicá-la a este caso.

Quem detém o poder e o controle básicos? Está claro que é o estudante ou os estudantes como grupo, incluindo o facilitador-aprendiz.

Quem está tentando obter controle sobre quem? Os alunos vivem o processo de obtenção de controle do curso de suas próprias aprendizagens e de suas próprias vidas. O facilitador recusa-se a controlar os outros, mantendo o controle apenas sobre si mesmo.

Quais as estratégias usadas em relação ao poder? Vejo duas. O facilitador propicia um clima psicológico no qual o aluno é capaz de assumir um controle responsável. O facilitador também ajuda a desenfatizar metas estáticas ou de conteúdo, encorajando assim uma centralização no processo, na *vivência* do modo pelo qual a aprendizagem se dá.

Onde se encontra o poder de tomada de decisões? Tal poder está nas mãos do indivíduo ou indivíduos que serão afetados pela decisão. Dependendo do assunto, a escolha pode ficar a cargo de um aluno, ou dos alunos e facilitadores como grupo, ou pode envolver administradores, pais, membros do governo local ou membros da comunidade. A decisão do que aprender em um determinado curso pode estar inteiramente nas mãos de cada aluno e do facilitador. A decisão de construir um novo edifício envolve um grupo muito maior e deveria ser encaminhada desta maneira.

Quem controla os sentimentos, o pensamento, o comportamento e os valores? Evidentemente, cada pessoa.

Obviamente, a pessoa em crescimento, em processo de aprendizagem, é a força que detém o poder político nessa educação. O *aprendiz* é o centro. Esse processo de aprendizagem representa uma reviravolta revolucionária na política da educação tradicional.

Por que os educadores modificam suas políticas?

O que faz com que os educadores se tornem facilitadores, afastem-se da educação convencional e aproximem-se de um tipo de aprendizagem centrada na pessoa? Em primeiro lugar, gostaria de mencionar minha própria experiência.

Ao fazer aconselhamento e psicoterapia individuais, fui percebendo cada vez mais o quanto era satisfatório acreditar na capacidade do cliente para evoluir para a autocompreensão, para dar passos construtivos na resolução de seus problemas. Essas coisas aconteciam se eu criasse um clima facilitador no qual eu fosse empático, interessado e verdadeiro.

Se os clientes eram dignos de confiança, por que eu não poderia criar esse mesmo tipo de clima com estudantes e estimular um processo autodirigido de aprendizagem? Essa questão me importunava cada vez mais. Então, decidi tentar na Universidade de Chicago. Esbarrei com uma grande resistência e hostilidade dos estudantes, superior às que eu vinha encontrando em clientes. Os comentários típicos eram do seguinte teor: "Pago um bom dinheiro por este curso e quero que me ensinem", ou "Não sei o que aprender, o especialista é você". Parte dessa resistência originava-se no fato de que há anos esses estudantes eram dependentes. Parte, acredito, era causada pelo fato de que provavelmente coloquei toda a responsabilidade na classe, ao invés de atribuí-la a todos nós. Certamente, cometi muitos erros. Algumas vezes, duvidei da sensatez do que estava tentando fazer mas, apesar da minha inabilidade, os resultados foram surpreendentes. Os alunos estudaram muito, leram em mais profundidade, expressaram-se com mais responsabilidade, aprenderam mais e puderam pensar mais criativamente do que em qualquer dos cursos anteriores. Persisti e gradualmente me aperfeiçoei como facilitador de aprendizagem. Verifiquei que não poderia mais voltar atrás.

Nessa nova abordagem, fui muito encorajado pela experiência de outras pessoas. Cada vez mais professores escreviam-me, contando que estavam assumindo o risco de mudar suas abordagens, de deslocarem-se ao longo do contínuo que leva à abordagem centrada na pessoa. A experiência era muito ameaçadora para os professores que haviam ensinado da maneira convencional ou trabalhavam em escolas rígidas. Ainda assim, eles estavam descobrindo que era tão recompensador quando confiavam nos alunos que as satisfações compensavam, em muito, a assustadora renúncia ao *status* e ao controle.

À medida que eu e um número cada vez maior de outras pessoas experimentamos as satisfações decorrentes de um ensino centrado na pessoa, esse pequeno filete de educadores pioneiros acabou formando uma corrente altamente significativa nos empreendimentos educacionais atuais. Gostaria de mencionar algumas lições pessoais que aprendi a respeito desse tipo de passagem.

A ameaça

Percebi gradualmente a terrível ameaça *política* contida na abordagem centrada na pessoa. O professor tem que enfrentar os aspectos ameaçadores da mudança de poder e de controle para todo o grupo de aprendizes, incluindo o até então professor, agora um aprendiz-facilitador. Abrir mão do poder parece aterrorizar algumas pessoas. A presença de um professor centrado na pessoa numa escola é uma ameaça para todos os outros professores.

Conheço uma professora, uma perspicaz facilitadora de aprendizagem, que foi eleita pelos alunos como uma dos dois ou três melhores professores da faculdade. Ela acabou sendo demitida do corpo docente porque, repetida e decididamente, recusou-se a concordar em classificar os seus alunos segundo uma curva normal. Em outras palavras, ela recusou-se a garantir que iria reprovar uma certa porcentagem de seus alunos, independentemente da qualidade de seus trabalhos. Essa atitude foi tomada como prova de que ela não acreditava em padrões, pois na lógica circular vigente na escola convencional, os "padrões" significam, na prática, reprovar alunos. Na verdade, ela também estava dizendo: "Eu me recuso a usar as notas como instrumento de punição". Ela não estava simplesmente derrubando os "padrões" mas enfraquecendo o poder punitivo do corpo docente. Isto representou uma ameaça tão perturbadora que eles *tiveram* que se livrar dela, embora embaraçados em tomar essa atitude. Este fato está longe de ser um incidente isolado. Na verdade, mostra como até mesmo um único indivíduo pode ameaçar todo um corpo docente.

Uma coisa aprendi, tanto com minha experiência como com a de outras pessoas: é melhor estar com muita vontade de arriscar antes de tomar qualquer atitude que me faça desistir do controle. É melhor andar devagar, gradualmente, do que renunciar ao poder, ficar assustado e depois tentar retomá-lo: esta é a pior coisa que pode acontecer.

Um segundo ponto a ser levado em conta é que a responsabilidade por si mesmos é tão assustadora para muitos estudantes quanto é assustador para o professor lhes dar esta oportunidade. Muitos estudantes que exigem ruidosamente mais liberdade, ficam totalmente confusos e sem ação quando se vêem diante da possibilidade de uma liberdade responsável. Não estão preparados para escolher, para errar e arcar com as conseqüências, para suportar o caos da incerteza quando se propõem a escolher os caminhos que desejam seguir. Precisam do companheirismo e da compreensão do facilitador à medida que procuram juntos novos caminhos. Precisam de uma atmosfera de apoio que lhes permita errar e ainda assim se aceitarem e que lhes permita serem bem-sucedidos sem se sentirem competitivos.

Os administradores também precisam da nossa compreensão. Numa cultura como a nossa que só entende o controle de cima para baixo, eles temem ser considerados fracos se confiarem nos professores, alunos e pais e colocarem o poder de tomada de decisões em suas mãos. E, no entanto, isto pode ser feito de forma estimulante e satisfatória, como o demonstraram as experiências realizadas em algumas escolas e alguns sistemas de ensino.

Em suma, é preciso reconhecer que a transformação em direção a um ensino humanístico e centrado na pessoa constitui uma revolução em larga escala. Não se trata de simplesmente melhorar o ensino convencional. Mais que isso, envolve uma transformação radical na política educacional. Precisamos reconhecer esse fato. Gosto de me considerar um revolucionário pacífico. Há muitos professores incluídos nesta categoria. Precisamos encarar a sóbria responsabilidade desta nova política enquanto nos movimentamos com coragem e trabalho árduo em direção à realização da nossa visão revolucionária. Estamos trabalhando para uma democracia no ensino que atinja as suas raízes. Esta meta justifica todo o nosso esforço.

Questões pessoais

O fato de termos cruzado o divisor de águas, de que não é mais suficiente ser simplesmente *contra*, traz consigo novas perplexidades para o educador. Suscita novos problemas relativos à política interpessoal na educação. Os professores ou administradores que estão se dirigindo para um ensino humanístico inovador estão se fazendo uma série de perguntas difíceis:

Em que medida eu, lá no fundo, confio que os estudantes, num clima facilitador, possam se autodirigir? O que faço com a ambivalência que costumo sentir a esse respeito?

Onde encontrarei satisfação? Será que preciso de satisfação imediata para o meu ego faminto? Ou será que posso encontrar recompensas para o meu ego no fato de ser um facilitador do desenvolvimento de outros? Como evitar me tornar um "devoto" rígido e dogmático da educação humanística? O "devoto" intolerante é uma ameaça a qualquer área, embora suspeite que todos nós tenhamos algumas dessas características. Acredito que tenho o melhor e definitivo método de ensino? Caso positivo, como superar esta posição?

Como manter minha integridade e ao mesmo tempo manter uma posição num sistema filosoficamente oposto ao que estou fazendo? Trata-se de um problema extremamente difícil com que geralmente nos defrontamos.

Não posso responder a essas perguntas. Cada educador deve achar sua própria resposta de uma forma pessoal, individual.

Há provas?

Falei da superioridade da abordagem centrada na pessoa em educação, e certamente o leitor percebeu que sou viesado nesse sentido. Há alguma evidência que justifique essa pretensão e essa atitude? A resposta é sim. Há, sem dúvida, um corpo sólido de evidências.

As pesquisas de David Aspy e seus colaboradores no Consórcio Nacional de Educação Humanizada estão apenas começando a ser conhecidas, mas as considero muito importantes. Por vários anos, Aspy coordenou uma série de pesquisas que tinham por objetivo verificar se uma sala de aula com características humanistas, centrada na pessoa, tinha efeitos passíveis de mensuração e, caso positivo, quais eram esses efeitos. Ele e sua principal colaboradora, Flora Roebuck, publicaram um relatório geral de seus resultados (1974a); com outros colaboradores, também escreveram uma série de relatórios técnicos de suas pesquisas (1974b).

Como ponto de partida, Aspy tomou a hipótese básica que formulamos na terapia centrada no cliente, redefinindo um pouco os termos para aproximá-los do contexto escolar. A empatia (E) foi redefinida como a tentativa do professor de compreender o significado pessoal da experiência escolar para cada aluno. A aceitação positiva (AP) foi definida como as várias maneiras pelas quais o professor mostra respeito pelos alunos como pessoas. A congruência (C) não precisou ser redefinida: referiu-se à extensão na qual o professor é genuíno no relacionamento com os alunos.

Inicialmente, o método consistiu em gravar horas de aulas. Foram desenvolvidas escalas de avaliação, que variavam de níveis baixos a níveis altos, dos diversos graus dessas três atitudes básicas, tal como se manifestavam no comportamento do professor. Baseando suas mensurações nessas três escalas, juízes não viesados mediram as "condições facilitadoras" exibidas por cada professor. Estas medidas foram então correlacionadas com os resultados obtidos pelos alunos em instrumentos como testes de aproveitamento, capacidade de solução de problemas, número de faltas às aulas e um grande número de outras variáveis.

Uma vez estabelecida uma metodologia, os pesquisadores a aplicaram a uma escala previamente desconhecida. O relatório final revela que eles gravaram e avaliaram cerca de 3.700 horas de aula de 550 professores de escola primária e secundária! Estes estudos foram feitos em várias partes dos Estados Unidos e em vários outros países. Envolveram professores e alunos negros, brancos e mexicano-americanos. Nenhum outro estudo de magnitude comparável foi realizado até então. Os resultados obtidos por Aspy e seus colaboradores podem ser assim resumidos:

1. Houve uma nítida correlação entre as condições facilitadoras fornecidas pelo professor e o aproveitamento acadêmico dos alunos. Este resultado foi confirmado várias vezes. Os alunos dos professores de "alto grau" (os considerados "altos" quanto às condições de facilitação) tenderam a apresentar os melhores resultados na aprendizagem. Um fato digno de nota foi que os alunos dos professores de "baixo grau" podem, na verdade, ter sua aprendizagem prejudicada pelas deficiências do professor.

2. A situação mais favorável à aprendizagem foi aquela na qual os professores que mostravam altos graus de atitudes facilitadoras eram aprovados e supervisionados por diretores que também eram facilitadores de alto grau. Sob estas condições, os alunos apresentaram maior aproveitamento, não só nas matérias escolares, como também em outras áreas importantes.

Tornaram-se mais capazes de usar seus processos cognitivos mais elevados, tal como a capacidade de solução de problemas. (Isto ocorreu principalmente quando o professor apresentava um alto grau de aceitação e de respeito. A solução criativa de problemas evidentemente requer um clima facilitador.)

Seu autoconceito tornou-se mais positivo do que o de alunos de outros grupos.

Mostraram-se mais ativos em sala de aula.

Apresentaram menos problemas de disciplina.

Apresentaram um índice menor de faltas na escola.

Num estudo interessante, eles apresentaram até mesmo um aumento no QI. Neste estudo, vinte e cinco alunos negros de primeiro grau com professores de "alto grau" e vinte e cinco com professores de "baixo grau" foram submetidos a testes individuais de inteligência, a um intervalo de nove meses. O primeiro grupo revelou um aumento médio de QI de 85 para 94. No segundo grupo, os números foram 84 e 84 — não houve qualquer mudança.

3. Os professores podem melhorar seu nível enquanto facilitadores, com um treinamento intensivo bem planejado de 15 horas, que inclua experiên-

cias cognitivas e vivências. Considerando-se a influência comprovada desse tipo de atitude, é extremamente importante saber que ela pode ser aumentada.

4. O fato de que os professores apresentam melhoras nessas atitudes somente quando seus instrutores também as apresentam em alto grau é significativo para todas as áreas educacionais. Isto significa que tais atitudes "passam", vivencialmente, de uma pessoa para outra. Não se resumem a conhecimentos intelectuais.

5. Os professores com alto grau de condições facilitadoras geralmente possuem outras características, tais como:

Seu autoconceito é mais positivo do que o dos professores com baixo grau de facilitação.

Revelam-se mais a seus alunos.

Respondem mais aos sentimentos dos alunos.

Fazem mais elogios.

São mais receptivos às idéias dos alunos.

Dão menos aulas expositivas.

6. Esses dados não variam em virtude de localização geográfica das escolas, da raça do professor ou da composição racial do corpo discente. Não importa se estamos falando de professores negros, brancos ou chicanos; de alunos negros, brancos ou chicanos; de classes no Norte, no Sul, nas Ilhas Virgens, na Inglaterra, no Canadá ou em Israel, os dados são essencialmente os mesmos.

Aspy e Roebuck (1974a), após analisarem a enorme quantidade de dados colhidos, concluem o seguinte:

Os resultados confirmam nossos dados iniciais, embora tenhamos podido burilá-los muito. Isto significa que as medidas das condições (E, C, AP) continuam a se relacionar positiva e significativamente com o desenvolvimento do aluno. Além disso, relacionam-se negativa e significativamente com a deterioração dos alunos, como por exemplo, com problemas de disciplina e atitudes negativas em relação à escola.

Para mim, esses estudos comprovam, de maneira convincente, que quanto mais o clima psicológico da sala de aula for centrado na pessoa, mais a aprendizagem vital e criativa é incentivada. Esta firmação vale tanto para classes da escola primária como para a secundária. Necessita ainda ser investigada a nível da universidade, embora não haja razão para se supor que os resultados seriam muito diferentes. Assim, acredito ter deixado clara minha convicção de que a educação centrada na pessoa pode ser definida e é eficiente.

Uma possível ênfase da pesquisa

Não sou tão ousado a ponto de prever o futuro desse novo modo de promoção da aprendizagem, a não ser para dizer que seu futuro terá conseqüências multifacetadas, estimulantes, controvertidas e revolucionárias. No entanto, gostaria de expressar duas esperanças em relação a esse futuro. A primeira refere-se à pesquisa necessária a um maior conhecimento desta nova maneira de aprender. Acho que será um grande erro enfatizar a avaliação dos *resultados* de uma aprendizagem vivencial autodirigida. Neste sentido, gostaria de me valer de minha experiência de pesquisa em psicoterapia.

Os terapeutas centrados no cliente foram pressionados — exatamente como os educadores inovadores o são atualmente — a provar que a nossa abordagem psicoterápica era eficiente. Gradualmente fomos realizando pesquisas cada vez mais sofisticadas para avaliar os resultados. Mas enquanto o único objetivo da pesquisa era esse, os resultados, embora mostrassem a eficiência do processo, eram sempre decepcionantes. Descobrimos, como poderia ter sido previsto, que alguns clientes eram mais bem-sucedidos que outros e que alguns terapeutas eram mais eficientes do que outros. Mas os estudos de avaliação não são heurísticos, não permitem progredir. Praticamente não oferecem pistas quanto aos elementos que precisamos conhecer para melhorar a terapia ou para entender o seu processo. Somente quando desenvolvemos hipóteses do tipo "se-então" é que pudemos começar a discernir que *se* certos elementos estavam presentes no relacionamento, *então* ocorriam determinadas mudanças construtivas. Se outros elementos estivessem presentes, as mudanças poderiam levar a uma deterioração ou a uma desintegração do comportamento.

Esta é uma das razões pelas quais descrevi com tantos detalhes a pesquisa de Aspy. Pessoalmente, espero que a pesquisa caminhe nessa direção. Partindo de uma teoria bem desenvolvida do tipo "se-então", Aspy investigou as relações entre elementos atitudinais antecedentes e uma grande diversidade de variáveis relativas aos resultados. Portanto, ele conseguiu, com seus dados, detectar os elementos que tinham um efeito positivo sobre a aprendizagem e os que tinham uma influência negativa. Conseqüentemente, o resultado final não foi apenas uma avaliação da aprendizagem, mas uma detecção pormenorizada de pontos específicos que deveriam ser enfatizados no treinamento de professores. A seguir, Aspy foi além, mostrando que através de treinamento os professores podem progredir nestas características específicas.

Assim, espero que a pesquisa sobre o ensino inovador deixe em segundo plano a avaliação e privilegie hipóteses baseadas em teorias que nos permitam compreender as condições antecedentes associadas à eficiência ou ineficiência desse ensino.

Exploração do espaço interno?

Até agora, senti-me, não sei se certo ou errado, bastante seguro a respeito do que falei. Agora é com alguma apreensão que gostaria de expressar uma segunda esperança, ainda não muito bem formulada em minha mente e indefinida em suas linhas gerais.

Creio que a próxima grande fronteira da aprendizagem, a área na qual estaremos explorando novas possibilidades interessantes, é uma região pouco mencionada pelos pesquisadores obstinados. É a área do intuitivo, do psíquico, do vasto espaço interior que se delineia à nossa frente. Espero que a educação inovadora se mova em direção à aprendizagem neste domínio basicamente não-cognitivo, nesta área que geralmente parece ilógica e irracional.

Dispomos de evidências cada vez maiores, que não podem ser ignoradas, da existência de capacidades e potenciais da psique quase ilimitados e que estão praticamente fora do campo da ciência, pelo menos como a temos concebido. Parece óbvio, por exemplo, que um indivíduo que flutua num tanque de água morna, sem praticamente qualquer estimulação visual, auditiva, tátil, gustativa ou olfativa, não está experienciando nada. Mas o que acontece realmente? Um indivíduo nessas condições está sendo bombardeado por ricas imagens visuais, alucinações, sons imaginários e todo o tipo de experiências bizarras e provavelmente assustadoras, vindas de fontes desconhecidas de estimulação interna. O que isto significa? Parece que em nosso mundo interior está sempre ocorrendo algo que absolutamente não conhecemos, a não ser que eliminemos os estímulos externos.

Ou, uma outra questão, um outro aspecto para se investigar: o corpo como um todo, o organismo total pode aprender algo que a mente não conheça, ou só aprende mais tarde? O que dizer dos relatórios bem fundamentados sobre a comunicação telepática entre os membros da tribo Masai, na África, bem como em outras tribos chamadas primitivas? Será que nossa civilização ocidental esqueceu o que eles sabem? Será que podemos saber, como eles parecem saber, quando estamos sintonizados com a pulsação do mundo? No livro clássico de Walters (1942), *The Man Who Killed the Deer*, encontramos um relato de ficção, mas próximo da realidade, sobre essas capacidades. Creio que precisamos aprender mais a respeito de nossas capacidades intuitivas, nossa capacidade de sentir todo o nosso organismo.

Um amigo meu está escrevendo um livro sobre sonhos parapsicológicos, após ter reunido e estudado vários desses sonhos. Por "sonho parapsicológico" entende-se um sonho sobre um acontecimento real que ocorre à distância do sonhador, sem que este tenha tido qualquer informação prévia a respeito, um sonho pré-cognitivo, que prevê um acontecimento que realmente ocorre. Por exemplo, uma conhecida minha teve um sonho (ou uma visão) no qual um parente seu estava prestes a morrer, num leito hospitalar no estrangeiro. Um telefonema confirmou que era verdade – o sonho correspondeu ao fato. Uma outra conhecida minha recebeu uma mensagem através da taova de Quija que previa "morte próxima". A mensagem era ambígua quanto à pessoa, mas fornecia a data em que ocorreria a morte. Após dois dias da data prevista, seu irmão faleceu num acidente automobilístico.

Acredito que muitas pessoas tenham tais sonhos ou pré-cognições, mas sistematicamente os deixamos fora da consciência. Mas se nós, ou alguns de nós, temos tais capacidades e habilidades pouco conhecidas, elas deveriam constituir um campo privilegiado de pesquisa.

Não vou mais insistir no meu ponto de vista. Diria apenas que todo esse mundo intuitivo e psíquico está se abrindo a uma investigação séria e reflexiva. A revisão acadêmica sobre a intuição, realizada por Frances Clark (1973) e a cuidadosa pesquisa empreendida pelo Dr. Grof (1975) sobre as experiências internas, enigmáticas e desafiantes de indivíduos sob o efeito do LSD são dois exemplos disso. Há várias razões para se considerar as experiências internas dos indivíduos como um campo tão vasto e misterioso para a pesquisa quanto as incríveis galáxias e os "buracos negros" do espaço celeste. Estou simplesmente expressando a esperança de que educadores e alunos inovadores tenham a coragem, a criatividade e a capacidade de penetrar nesse mundo do espaço interior e de compreendê-lo.

Conclusão

Tentei fazer um rápido levantamento dos novos aspectos que estão sendo e serão enfrentados por um ensino humano e inovador, à medida que ele se impuser como uma força social fundamental. Defini esta nova abordagem centrada na pessoa à aprendizagem como a percebo e a contrastei com a abordagem tradicional. Esquematizei algumas das maneiras pelas quais o educador está sendo e será desafiado, à medida que a educação inovadora se desenvolver.

Geralmente não se discute a ameaça política às instituições que este progresso traz. Neste aspecto, enfatizei a enorme ameaça que a educação inovadora traz ao poder estabelecido.

No campo da pesquisa, apresentei alguns dados recentes, muito pouco conhecidos, e também expressei a esperança de que a continuação da pesquisa não se limite à avaliação, mas procure diligentemente por relações do tipo se-então.

Finalmente, aventei a possibilidade de que a próxima grande fronteira da aprendizagem esteja relacionada com as capacidades menos valorizadas na cultura ocidental — nossos poderes intuitivos e psíquicos..

Referências bibliográficas

Aspy, D. N. e Roebuck, F. N. From humane ideas to humane technology and back again many times. *Education.* Winter 1974a, *95*(2), 163-171.
Aspy, D. N.; Roebuck, F. N. e col. *Interim reports 1, 2, 3, 4.* Monroe, Louisiana: National Consortium for Humanizing Education, 1974b.
Clark, F. V. Exploring intuition: Prospects and possibilities. *Journal of Transpersonal Psychology*, 1973, *5*(2), 156-170.
Grof, S. *Realms of the human unconscious: Observations from LSD research.* New York: Viking Press, 1975.
Waters, F. *The man who killed the deer.* Chicago: Sage Books, The Swallow Press, 1942.

7

O que aprendemos com os grandes grupos: implicações para o futuro

Jamais esquecerei as experiências relatadas neste capítulo. Uma equipe de seis pessoas do Centro de Estudos da Pessoa viajou ao Brasil, em janeiro de 1977, a fim de realizar uma série de *workshops* com grandes grupos. Formamos um grupo de apoio mútuo, na medida em que assumimos riscos que freqüentemente pareceram temerários, ao lidarmos com até oitocentos participantes.

O relato desta aventura estimulante foi escrito por quatro de nós, logo após cada acontecimento. A parte final do capítulo, a partir de "Implicações para a Educação do Futuro", foi escrita por mim, em agosto de 1977, após um período de isolamento, no qual tive tempo para ler algumas das inquietantes publicações recentes sobre o rumo que a cultura ocidental está tomando.

Espero apenas que este capítulo consiga transmitir ao leitor a tensão que vivemos à medida que púnhamos em risco nossa reputação profissional, confiando em grupos imensos e em sua sabedoria.

*

Uma descrição dos "ciclos"

Nossa equipe agiu como facilitadora em três *workshops* com grandes grupos, chamados ciclos, em Recife, São Paulo e Rio de Janeiro. Seu impacto foi profundo. Sentimos que eles foram profundamente importantes, não só pelos efeitos a curto prazo, mas pelas possibilidades que abriram a longo

---

Tradução de Yone Souza Patto.
*Escrito por Maria Bowen, Ph. D., Maureen Miller, Ph. D., Carl R. Rogers, Ph. D., e John K. Wood, Ph. D.

prazo. As lições que aprendemos nestes grupos poderiam ter uma grande importância para o futuro. Poderiam nos ajudar a formular objetivos de longo alcance para o processo educacional.

Estes *ciclos* de dois dias não eram o nosso principal objetivo quando fomos ao Brasil, mas foram eles que nos propiciaram as novas experiências mais estimulantes.

Cada um deles foi organizado por uma comissão local de pessoas dedicadas, quase todos profissionais que representavam organizações ou interesses diversos. O objetivo era recrutar um grande número de pessoas que, por uma taxa (freqüentemente variável), pudesse participar das doze horas do ciclo de dois dias — duas sessões à tarde e duas à noite. A resposta foi excelente e a freqüência foi mais ou menos a mesma em todas as cidades. Durante uma das sessões à tarde estavam presentes apenas umas quinhentas pessoas, mas as sessões noturnas eram freqüentadas por seiscentas a oitocentas pessoas. Os locais das reuniões variaram quanto ao número de salas disponíveis para grupos menores e quanto à formalidade ou informalidade dos próprios auditórios.

O público era bastante diversificado. Havia grande número de educadores, de professores de escola primária a professores de faculdade. Havia conselheiros, psicólogos, psiquiatras, estudantes, donas-de-casa e uma miscelânea de outras ocupações. As idades oscilavam dos vinte e cinco aos sessenta. A julgar pelas aparências, entretanto, os participantes em sua maioria pertenciam à classe média. E cerca de três quartos era de mulheres: parece que, no Brasil, o interesse pelas ciências sociais e problemas humanos ainda é considerado como um interesse preponderantemente feminino.

O conteúdo dos "ciclos"

Tínhamos uma variedade de recursos à nossa disposição. Um dos que provocaram maior impacto foi o documentário "Ô Gente", sobre um grupo de camponeses muito pobres do nordeste brasileiro. Para enfrentar a devastação causada pela seca, eles começaram a formar o que se pode denominar uma comunidade centrada na pessoa. Formaram um grupo autônomo, no qual o poder era partilhado por todos: "Ninguém comanda, ninguém dita regras. Todos nós mandamos, todos legislamos". Tomavam decisões "discutindo, discutindo sempre até chegarmos a um acordo". Desenvolveram a capacidade de ouvir, a fim de ajudar os que tivessem problemas. Sabiam o valor de um grupo de apoio: "Quando se tem companheiros se tem mais coragem, não é? ... Sabemos que não somos mais sós... mas muitos, juntos". Os paralelos com o nosso pensamento eram incríveis. Ter tido este exemplo de uma experiência brasileira centrada na pessoa foi de grande valor para nós. Eliminou o sabor "estrangeiro" do que estávamos realizando.

Embora muitos dos presentes tivessem vindo "apenas para ouvir Carl Rogers", sua única palestra realmente de sucesso foi um breve comentário, algo poético sobre esse filme, mostrando quantos princípios centrados no indivíduo ele exemplificava e esclarecia. John também fez algumas reflexões sobre o filme. Além disso, Carl realizou duas curtas palestras no Recife e uma no Rio. De modo geral, elas desapontaram o público, pois contrastavam demais com a vivacidade dos intercâmbios espontâneos ocorridos no grupo, embora as perguntas após essas palestras tenham sido animadas e sofisticadas.

Maria (que fala português) fez duas demonstrações de grupos de encontro "ao vivo" que foram de grande valor e interesse e que certamente influenciaram em certa medida a auto-expressão, o ouvir empático e a facilitação que vieram a fazer parte do grupo maior.

Várias vezes, a equipe propiciou grupos centrados em determinados tópicos. A lista que se segue sugere a variedade dos assuntos explorados: um grupo de mulheres, um grupo de homens, grupos sobre educação, psicoterapia, desenvolvimento de comunidades, homossexualismo, terapia sexual, processos grupais e evolução da consciência.

Os horários mais extensos foram empregados em grandes círculos de debate em que todo o auditório participava, sem qualquer agenda, a não ser a que surgia de todos nós, coletivamente. Foi aí que nós mais aprendemos.

O processo grupal

O começo caótico

O período mais difícil para todos foi o começo tateante, confuso e altamente emocional do processo — a sessão inicial do grupo todo. Imaginem, se puderem, um círculo enorme, de dez a quinze filas de profundidade, composto de oitocentas pessoas sentadas em cadeiras ou no chão. Coloquem-se ao acaso no meio desta multidão, como nós cinco, vindos dos Estados Unidos, fizemos. Três de nós possuíamos intérpretes ao nosso lado, que nos ajudavam a compreender a torrente de português. Quatro pessoas com microfones de fios compridos, de pé no espaço aberto, passavam por cada pessoa que desejava falar. Talvez o aspecto caótico, desconexo desses encontros iniciais possa ser apreendido no depoimento de um jornalista que publicou um relato quase textual de uma dessas sessões. Vejamos uma parte desse relato:

A tensão começa a crescer. A atmosfera esquenta. Rogers recolhe-se ao silêncio. Várias pessoas que tomam o microfone pedem-lhe para falar. Ele não responde.

Uma mulher diz: "Eu vim para ouvir Rogers, não para ouvir perguntas sem respostas. Vamos todos embora".

Outra mulher: "Ouçam, eu vim aqui para contribuir, não apenas para receber. Quero dar alguma coisa aqui".

Um rapaz: "Isto não é uma conferência pessoal, isto é uma experiência e eu acho que devíamos fazer alguma coisa juntos".

Um homem, lá atrás, no auditório: "É sempre assim. Todo mundo fica esperando que alguém venha e nos diga o que fazer. Estamos sempre ansiosos para receber conhecimento em pacotes. Acho que devíamos nos voltar para nós mesmos e olharmos dentro de nós para saber o que queremos fazer".

Uma mulher: "Temos que fazer alguma coisa. É preciso tomar a iniciativa. Precisamos superar a ansiedade em vez de permitir que ela nos domine e nos conduza. Não precisamos de respostas mas fazer alguma coisa".

O auditório está nervoso, excitado, tenso, silencioso e expectante.

Uma mulher: "Já sei! Vamos cantar músicas que todo mundo saiba". Risos e protestos.

Outros gritam, pedindo novamente a Rogers que faça uma palestra "porque nós todos pagamos".

Um homem propõe que se organizem em grupos de trabalho. Outros sugerem esquemas.

Então uma mulher começa a falar sobre uma experiência comunitária que ela está tendo com um grupo de mulheres da cidade. Este grupo se reúne uma vez por semana. "Discutimos a vida e nossas ansiedades. Não se trata de conversas bobas, sobre empregados e crianças." Risos de aprovação.

Rogers diz: "Eu não sei bem o que está acontecendo, mas sei que os grupos, quando percebem que são livres e autônomos, adquirem muito poder e muita força. Alguém falou em caos. Estou acostumado a este tipo de caos. Creio, entretanto, que quando um grupo é autônomo este poder emerge de todos nós que estamos aqui".

Silêncio total na sala. Muita expectativa.

Alguém sugere que se façam pequenos grupos. Outros exigem uma estrutura clara. Outros insistem na organização de grupos, com um membro da equipe em cada um. O auditório está dividido, alguns pedem Rogers, outros mais organização.

Então, uma jovem calma levanta-se e fala para todo mundo: "Creio que é possível aprender com o que está acontecendo aqui, neste momento. Parece que não estamos conscientes do que está acontecendo aqui. Alguns de vocês mostram que estão querendo um líder, um comandante. Penso que essas pessoas funcionariam melhor com aquilo que Rogers chama de facilitador. Mas nós podemos aprender uma porção de coisas com o que está acontecendo neste momento. Alguns de vocês dizem-se rogerianos, mas parecem assustados com a possibilidade de aprender através da experiência".

No final da reunião, Rogers se levanta e diz: "Não tenho a menor idéia de qual vai ser o resultado desta sessão, mas gostaria que vocês soubessem que eu estou aberto ao que quer que venha a acontecer. Concordo plenamente com a moça que disse que poderíamos aprender muito com o que está acontecendo aqui".

O padrão do desenvolvimento grupal

Uma vez que para nós, assim como para os demais, o mais difícil é entender e agüentar este começo confuso, talvez pudéssemos indicar alguns dos elementos comuns a cada uma das reuniões iniciais do grupo durante os ciclos. Parece que isto ocorre quando um grupo está começando a aprender a usar a sua própria força.

Existe uma necessidade de liderança, de alguém que assuma o comando.

Existe um desejo de obter "conhecimento empacotado", auxílio, conselho, respostas, alguma coisa que possam levar consigo para casa.

Há um pedido de estrutura, esquema, ordem imposta. Ocorre a vivência e a expressão — no clima de liberdade que se cria — de frustração, raiva e desapontamento, devido a não satisfação das expectativas. Os grupos não forneceram as respostas!

Existe a extrema descontinuidade das colocações. Cada pessoa funciona isoladamente, sem prestar atenção às declarações das demais nem procurar ouvir o que foi dito.

Existe mais o desejo de fazer alguma coisa, qualquer coisa, a suportar o desconhecido e a ansiedade que ele provoca.

Há o desejo de soluções rápidas que possam resolver tudo.

O grupo fica paralisado quando tenta conscientemente fazer escolhas específicas, como subdividir-se ou não em grupos. Só mais tarde ele reconhece que engatinha organicamente, fazendo poucas escolhas claras e conscientes.

Há a excitação de estar tomando parte num processo fluido, cujo resultado é desconhecido. (É por isto que as melhores apresentações sempre são comparativamente menos vívidas.)

Há o desejo de participar, de contribuir, de iniciar.

Há uma compartilha inicial de experiências importantes.

Há o reconhecimento de que a resolução das situações depende do poder do grupo, que se manifesta através do funcionamento espontâneo de cada pessoa.

A parte intermediária do processo poderia ser chamada de fase de trabalho. Durante esta fase, que evidentemente não tem uma delimitação nítida, as pessoas começam a utilizar as sessões para expressarem mais o que sentem em relação a si mesmas e ao grupo, seus problemas e interesses pessoais. Nota-se um desejo nascente, por parte do grupo, de prestar atenção e ouvir. Os oradores, embora falem de coisas muito pessoais, involuntariamente se dirigem a muitas outras pessoas do auditório. Assim, embora só uma pequena minoria esteja apta a obter "linha", muitas pessoas encontram conforto e ajuda ao verificarem que seus próprios problemas estão sendo verbalizados pelo orador. Este reconhecimento de tantos sentimentos e experiências comuns prepara as bases para o espírito comunitário que está sendo construído.

Na fase final do processo, o grupo como um todo mostra-se capaz de dedicar uma atenção coesa a uma pessoa, caso seja necessário. Está presente um sentimento de "estamos juntos". As pessoas começam a falar sobre a maneira como irão se valer de seus novos conhecimentos na situação de "volta ao lar"; no casamento, no trabalho, com os colegas, com os alunos. A maioria da multidão de oitocentas pessoas aglutinou-se numa comunidade cooperativa, embora alguns se mostrem céticos e outros abertamente contra o que está acontecendo. Mas as pessoas experimentam sua própria força. Elas lutaram até atingir um processo bem-sucedido de tomada de decisão. Sentem-se unidas.

A função da equipe e a dinâmica do grupo

Os membros da equipe como participantes

No início, houve uma tremenda dissonância entre a expectativa do público e a realidade que estavam vivendo. Havia a expectativa e a esperança de que este "notável psicólogo" e sua "equipe", vindos dos Estados Unidos, lhe doariam um novo saber, uma nova teoria e respostas autorizadas aos seus dilemas. A realidade da situação era que lá estavam cinco simples seres humanos que, em vez de darem respostas, pareciam gerar mais perguntas, faziam apenas interferências curtas, gerando algo que não chegava a ser entusiasmo e cuja perícia era apresentada sob a forma de facilitação de um *processo* inusitado, aparentemente desestruturado.

O tapete das expectativas foi puxado de sob os pés dos participantes e entramos juntos num processo complicado. A manchete de um jornal resumiu o que se passou: "Psicólogos Criam Tumulto — Falam Pouco".

Mas no decorrer do processo de dar vasão às emoções gerou-se uma espécie de "energia concentrada", e o grupo inteiro passou da atitude passiva de se agarrar às palavras de um guru, para a vivência de sua própria energia criadora e de sua própria força. A partir de um começo caótico, foi-se desenvendo uma ordem: a energia da expressão e da receptividade emocional foi encontrando seu caminho.

Embora a equipe não exercesse um controle autoritário do processo, mesmo assim nós estávamos trazendo uma contribuição de uma maneira consistente e precisa. Nos momentos de questionamento, de antagonismo e mesmo de caos, era evidente que os membros da equipe ouviam atentamente, prestando atenção a cada pessoa que falava e fazendo questão absoluta de responder a qualquer pessoa quando ninguém mais o tivesse feito.

Por exemplo, numa das sessões iniciais uma mulher vociferou uma torrente de ásperas críticas à equipe. Outros criticaram-na. Imediatamente, John pegou um microfone e disse: "Sônia, eu não tenho desculpas ou respostas a oferecer, mas eu não estou ignorando você. Eu *ouvi* sua decepção e ela me importa". A beligerância de Sônia diminuiu visivelmente. Sentiu-se ouvida e respeitada como pessoa.

O que a equipe faz agindo assim é ajudar a focalizar a atenção da comunidade inteira no que realmente está acontecendo, à medida que acontece. Observações simples têm um poderoso efeito de organização. Em meio ao caos, uma frase como "Observei que nestes últimos minutos várias pessoas falaram, embora nenhuma tenha obtido resposta", ou "Neste exato momento, estou me sentindo irritado; percebo que outras pessoas também estão, mas não sei o que fazer", ajudam a fazer com que a atenção se concentre no momento. Prestamos atenção nos detalhes, no óbvio. É como se levantássemos um espelho de faces múltiplas para o público e disséssemos: "Olhem, é assim que estamos neste momento". Não é preciso sugerir soluções. A sabedoria do grupo se encarregará delas.

Ouvimos também as pequenas vozes, as opiniões diferentes, os sentimentos hesitantes, transmitindo desse modo a oitocentas pessoas que cada uma delas merece ser ouvida. Cada pessoa é aceita pelo valor que tem, o que, para muitos, significa uma percepção nova e estimulante. Quando a comunidade inteira focaliza a atenção na totalidade de sua situação presente, tanto individual quanto grupal – não importa o quanto o grupo seja aparentemente desorganizado – ela de alguma maneira gera o próximo passo, baseada na informação de que agora dispõe.

Outra atitude que tomamos e que influencia nosso trabalho é considerar o resultado, quer pessoal, quer grupal, como não-prioritário. Visamos – ou melhor, estamos "criativamente investidos" – à facilitação de um determinado processo sobre o qual não temos qualquer controle fundamental. Sabemos, por experiência, que neste processo certos tipos de resultados geralmente podem ser esperados, mas sabemos também que haverá resultados que jamais poderíamos prever e que podem abranger mudanças individuais nos participantes ou no grupo inteiro ou em nós mesmos. Uma outra maneira de dizer isso é dizer que, para a equipe, o resultado *é* a evolução de um processo de afirmação da vida.

Nossa filosofia fez parte de tudo o que realizamos. Num clima propício é possível confiar nas pessoas. Inicie-se um processo no qual as pessoas sejam aceitas como são e os resultados serão valiosos. Esta filosofia foi expressa através de atitudes de confiança que os membros da equipe tiveram em relação a si mesmos e entre si. Ela também ficou clara em seu relacionamento com o auditório. Ela não foi proclamada mas vivenciada intensamente. Confiamos que o processo será afirmativo da vida, mas isto não nos leva a assumir uma posição passiva nos acontecimentos. Quer como indivíduos, quer como equipe, estamos cônscios de nossa força e optamos por utilizá-la envolvendo-nos no processo, cada um à sua maneira. Participamos, não através da tentativa de controlar o resultado, mas respondendo ativamente como seres integrais, com pensamentos, intuições e valores, à medida que cada momento desabrocha. Somos muito presentes enquanto pessoas.

No início das sessões houve alguns momentos muito constrangedores para nós. Às vezes, descobrimos que éramos o alvo de um grupo confuso, desapontado e irritado de cerca de oitocentas pessoas.

No seguinte artigo, escrito por um dos membros da equipe, após mais de dez horas no ciclo, encontramos um retrato vivo das dificuldades e recompensas presentes na tarefa de facilitar o processo grupal:

Mesmo agora, nesta última sessão, meus sentimentos tomam a conhecida estrada íngreme que sobe e desce. Minha mente volta ao tempo que passamos em reuniões comunitárias, maré baixa e maré alta; caos, humor, debate intelectual, discursos, explo-

sões emocionais, aproximações sutis, lágrimas, enfado, medo, um caldeirão efervescente de experiência humana.

Mas agora, existe uma sensação profunda e tranqüila de ligação e confiança. Estamos respirando juntos e há uma ordem aqui. Não a ordem que resulta de regras e de rigidez, mas uma ordem mais parecida com a organização dinâmica de um sistema vivo. A comunidade descobriu não só sua própria organização mas também sua própria força e ternura, e não sinto mais medo. As pessoas estão ouvindo umas às outras, respondendo e se permitindo ficarem juntas em silêncio.

Refletindo, eu me apercebo de como estou feliz por não ter posto em ação o impulso, induzido pelo medo, de controlar o processo. Estive tão inseguro num determinado momento que cheguei a pensar em interromper o que estava acontecendo e impor uma estrutura.

Desejei transformar tudo numas poucas palestras bem organizadas! Senti-me culpado quando acusações à irresponsabilidade da equipe começaram a fervilhar entre o público, mas sempre que estive a ponto de desistir alguém disse qualquer coisa que me fez voltar à sabedoria do grupo e ao seu próprio processo.

E agora é chegado o momento da separação. Isabel está falando: "Eu não disse nada até agora, mas quero manifestar minha satisfação. Não posso ir ao workshop *mais longo que vocês vão fazer, mas agora não me importo. Vocês vêem que eu consegui mais do que jamais sonhei. Cheguei aqui me sentindo totalmente* perdida, *como se estivesse completamente só em minha aflição e em minha luta. Tudo isso, a pobreza do meu povo, a realidade política do mundo em que vivo, o sofrimento no meu casamento, em minha família, em meu trabalho, é pesado demais para mim. Eu não poderia enfrentar isso sozinha e agora me dou conta de que não as estou encarando sozinha. De uma maneira ou de outra, todos aqui fazem parte do apoio que recebi, desde Carl Rogers, através dos livros que escreveu, até os que entre vocês discordam de muita coisa que eu digo mas que ainda assim estão lutando pelas mesmas coisas. Sinto-me forte, sinto-me revigorada e agora posso ir em frente. Talvez isto não dure, mas de certo modo, isso realmente não importa. O que importa é que eu sinto isto hoje". Ela prossegue: "Mas agora tomo consciência de minhas próprias lágrimas, respiro fundo e olho em torno, à procura de meus amigos. Afinal de contas, é possível que não estejamos loucos ao acreditarmos que um grupo de oitocentas pessoas possa dar início ao seu próprio processo construtivo. Sorrio ao pensar no fluxo incrível destas doze horas. Foi uma experiência confirmativa".*

Efeitos imediatos dos "ciclos"

Os três ciclos tiveram um saldo promissor.

John conduziu um grupo de interesse no Rio para os que desejaram continuar a compartilhar experiências pessoais. Cinco meses depois, o grupo continua a se reunir todos os domingos. O número de participantes varia mas um núcleo constante de doze a quinze pessoas confirma a validade da experiência.

O grupo feminino orientado por Maureen no Rio foi a primeira experiência desse tipo para a maioria das participantes. Maureen foi informada de que um grupo de umas doze mulheres agora se reúne regularmente num grupo de conscientização.

No grupo brasileiro organizado no Recife, as pessoas verbalizaram seus sentimentos mais amargos em relação umas às outras, com alguma ajuda da equipe. Foi a primeira vez em suas vidas que elas se relacionaram umas com as outras ou com qualquer colega de profissão de uma maneira tão franca e aberta. Este grupo — representando várias organizações locais — continua como grupo de apoio para seus membros. Eles estão reorganizando sua vida profissional e pessoal e atribuem o início da mudança à experiência vivida no ciclo.

A esposa de um abastado profissional liberal que até então vinha lutando para viver a vida sobrecarregada (e sem esperanças) da mulher brasileira, finalmente tomou coragem de desafiar as rígidas limitações impostas pelas expectativas em relação ao seu papel e partir em busca de sua individualidade. Desde então, tem participado de vários *workshops* nos Estados Unidos e resolveu rebelar-se contra o ultimato do marido — "É a sua carreira ou o nosso casamento" — e seguir sua intensa necessidade de encontrar sua individualidade. E parece que o casamento está melhorando.

Um bem-sucedido psicanalista resolveu aproximar-se da psicologia humanista porque sentiu que seu "poder pessoal" era tão importante quanto a sua orientação profissional, e depois dos ciclos sentiu-se mais seguro de si.

Literalmente dúzias de pessoas relataram que à noite, após as reuniões, se surpreendiam relacionando-se com as pessoas que amavam de modo renovado e mais franco.

Quatro meses após os ciclos, um psicólogo brasileiro escreveu a Carl Rogers contando o seguinte:

Uma terapeuta do Rio achou o primeiro dia ridículo e no segundo dia descobriu que alguma coisa de muito importante podia estar acontecendo. Ela está modificando sua maneira de trabalhar.

Uma de minhas clientes não consegue aceitar suas idéias a respeito de educação e disse isso a você em público, o que, para ela, significou uma profunda experiência, pois sempre teve medo de falar, mesmo para um pequeno grupo. O ciclo mostrou-lhe que você (ou outra "autoridade" qualquer) não era ameaçador e isto está lhe possibilitando uma maneira de ser inteiramente nova.

Um psiquiatra conta que o ciclo realizado no Rio foi decisivo para a mudança do direcionamento profissional e pessoal de muita gente e ajudou outras a darem passos mais corajosos ou a assumirem riscos maiores.

De outro lado, muitas, ao que parece, ficaram simplesmente desapontadas e revoltadas com o caos e a improdutividade, taxando-o de anarquia. Elas crêem que aproveitaram pouco ou nada.

Portanto, enquanto muitos não foram atingidos ou se indispuseram com a experiência, o impacto geral destas experiências de grupo parece espantoso, se considerarmos o número enorme de participantes e a brevidade do tempo. Comprovadamente, o trabalho com grandes grupos é uma abordagem poderosa.

Implicações para a educação no futuro

Para avaliar o significado que nossas experiências podem ter para a educação, quero fazer uma digressão e tentar conseguir uma visão geral das tendências sociais relevantes na cultura ocidental.

Muitos dos pensadores mais perspicazes de nosso tempo concordam que estamos chegando ao fim de um período histórico. A era pós-industrial alcançou o seu limite, diz William Thompson (1977). Estamos nos aproximando de uma nova porém promissora Idade das Trevas, diz Leften Stavrianos (1976). Numa análise particularmente profunda efetuada pelo Instituto de Pesquisas de Stanford, Willis Harman (1977) aponta os problemas insolúveis de nossa civilização e a necessária transfiguração dos seres humanos, de seus motivos e valores, se quisermos sobreviver. A evidência de que os nossos problemas mais graves não se devem aos fracassos de nossa sociedade e sim aos seus sucessos é muito constrangedora. Conseqüentemente, nossos paradigmas passados e presentes talvez não consigam lidar com os problemas atuais simplesmente estendendo os velhos princípios. Não podemos lidar com a crescente má distribuição da riqueza, com a crescente alienação de milhões, ou com a falta de uma proposta e de um objetivo unificados, aumentando a eficiência da produção, a automação industrial, acelerando a tecnologia ou confiando mais na finalidade lucrativa das companhias multinacionais — alguns dos decisivos princípios operacionais que nos levaram à situação atual. A Ciência e a racionalidade instrumental não são suficientes para enfrentar estes problemas.

Nossa cultura possui dissonâncias profundas e insolúveis através dos meios convencionais. Apresentamos, a seguir, algumas delas, dentre as inúmeras existentes:

1. Sabe-se que a terra poderia suportar normalmente apenas 500 milhões de pessoas com o padrão de vida americano, mas no momento existem três *bilhões* e meio de pessoas*(Stavrianos, 1976, p. 138). Quanto mais nosso padrão de vida aumenta, mais evidente se tornam nossa incrível ganância e nosso consumo esbanjador.

2. Estima-se que a renda *per capita*, nos países desenvolvidos, em 1800 era três vezes maior do que a dos países subdesenvolvidos. Em 1914 ela era sete vezes maior. Atualmente, o indivíduo num país desenvolvido tem uma renda doze vezes maior que a de uma pessoa num país subdesenvolvido (Stavrianos, p. 169). Nem é necessário salientar o ódio crescente que tal discrepância gera, especialmente desde que os meios disseminados de comunicação de massa tornaram claras como cristal para as massas empobrecidas a riqueza de uns poucos.

---

*O *World Almanac* de 1980 estimou em 4 milhões e 300 mil a população mundial.

3. Nos Estados Unidos, o desemprego *real* — incluindo os não-trabalhadores à procura de emprego, como os jovens e os idosos, que se desesperam à procura de um emprego — é calculado entre 25 a 35 por cento da força de trabalho potencial. Com o aperfeiçoamento da tecnologia, este número tende a aumentar, e não a diminuir. Isto significa que estamos com talvez um terço de nossa população potencial de trabalhadores desocupado. Não é de surpreender a alienação que isto causa.

Qual será o resultado destes fossos cada vez maiores — como se fossem fendas de um terremoto — em nossa civilização? Uma das possibilidades é a destruição nuclear da maior parte da vida no planeta. Nesse caso, há muito pouco a acrescentar.

Mas evitado o apocalipse nuclear ou ecológico, o acontecimento mais provável é o que Thompson (1977) chama de "desestruturação da civilização" (p. 55), na qual as instituições entrarão gradativamente em colapso devido ao seu próprio peso e complexidade. Impossível? Isto foi o que os romanos pensaram. Não obstante, a estrutura de seu grande império desmoronou, em parte por causa dos ataques dos bárbaros, porém mais ainda devido às falhas do próprio império e à supercomplexidade burocrática. De maneira semelhante, isto pode acontecer conosco. Talvez os *blackouts* em nossos grandes centros urbanos, a bancarrota de nossas maiores cidades, o pânico febricitante das épocas de racionamento da gasolina e grande parte de nossa incapacidade — mesmo empregando toda a nossa força — para impor nossa cultura a um minúsculo Vietnã, nada mais sejam do que o prenúncio desse futuro colapso.

O que precisamos para enfrentar esta nova Idade das Trevas com sua turbulência, sua combinação de sombrias e estimulantes possibilidades? O que nos ajudará a chegar a esta "transfiguração vindoura", como Harman (1977) a denomina? Que características levarão à sobrevivência? Existe um considerável consenso quanto a este aspecto entre os que têm refletido sobre o assunto. Há pelo menos três pontos que podem ser ressaltados.

Primeiro, reconhecer-se-á que as bases dos valores encontram-se muito mais dentro das pessoas do que fora, no mundo material. Em resumo, a vida interior, um nível de consciência mais elevado, um reconhecimento de que no interior de cada pessoa existem enormes recursos para a criação da vida plena, é uma das características necessárias a esta era que se aproxima.

Um segundo ponto de concordância consiste na afirmação de que o "impulso participatório" é uma outra chave para a sobrevivência e constitui uma tendência já observável.* As pessoas exigirão cada vez mais a participa-

---

*Existe também uma tendência cada vez maior à dependência, à busca das respostas em gurus, ao desejo de que a vida seja controlada por mais alguém. Mas o desejo de participação parece o mais forte destas duas tendências.

ção nas decisões que afetam suas vidas, nos planos governamentais e no funcionamento das organizações estatais e industriais. Estas organizações tendem a tornar-se menores à medida que as grandes empresas burocráticas desmoronarem, o que tornará possível cada vez mais uma participação nos processos decisórios. Uma organização passará a ser a "nossa organização", na qual "nós" tomamos as decisões, em lugar da "organização deles".

Finalmente, existe um consenso de que um dos elementos mais essenciais à sobrevivência é o desenvolvimento de um senso maior de cooperação, de comunidade, de capacidade para o trabalho conjunto em benefício do bem comum e não apenas do engrandecimento pessoal. A República Popular da China conseguiu alcançar prodígios neste sentido, disseminando uma educação, desde o berço, baseada em *slogans* como "Lute contra o individualismo — sirva ao povo". Talvez a nossa cultura ocidental possa realizar um pouco desta mesma proposta mudando o *slogan* para "Seja você mesmo — Construa a Comunidade".

Parece claro que se quisermos viver a turbulência que se aproxima de uma maneira construtiva é preciso efetuar mudanças drásticas nos objetivos, nos valores, no comportamento e nas diretrizes que regulam nossas vidas.

O que falta nestas análises e predições é a indicação de procedimentos através dos quais estas mudanças humanas drásticas venham a acontecer. Sem dúvida, elas são necessárias, se quisermos sobreviver, mas através de que processo elas podem ocorrer? Os especialistas não têm resposta para esta questão. Limitam-se a enfatizar o fato de que as pressões sociais tornam imperativas tais transformações humanas básicas. É aí que vemos nossa experiência com grupos grandes, no Brasil, como um pequeno modelo promissor, um projeto piloto que prepara esse futuro.

A experiência nos mostrou que sabemos como facilitar uma participação maior em processos de decisão, de escolha de caminhos. Ela demonstrou que oitocentas pessoas podem coparticipar, escolhendo meios de ação que tenham como objetivo a satisfação de todos e não apenas da maioria ou de uns poucos. Uma multidão pode tornar-se participante, de uma maneira unificada, se lhe dermos as devidas condições.

Nestes ciclos as bases de uma comunidade cooperadora foram assentadas no curto espaço de doze horas. As pessoas estavam começando a trabalhar tendo em vista o bem comum. A extensão em que a busca competitiva de *status* e de individualismo arrefeceu foi notável. As bases foram fundadas através de um esforço no qual todos puderam confortavelmente trabalhar juntos pelo bem de todos. Cada um era investido de poder para ser tudo o que ele ou ela pudessem ser.

E talvez o mais importante: houve uma incrível mudança na procura de respostas, valores e padrões fora de si mesmos. Muito perceptivelmente, as pessoas começaram a buscar em seu íntimo o que estavam vivenciando como valioso, em vez de procurar pelo que lhes disseram que era valioso. Sem dúvida, estavam começando a preencher a primeira condição para viver na nova era. Estavam descobrindo as fontes de uma vida plena dentro de si mesmas e não em algum dogma ou ditame exterior ou em alguma forma material.

Num outro aspecto muito importante, elas estavam se preparando para a vida do futuro. Estavam desenvolvendo uma "sabedoria do grupo", um curso de ação autocorretivo. Quando um grupo segue um líder carismático, um dogma teórico ou teológico, ou qualquer formulação humana, está, a longo prazo, a caminho da ilusão. A direção indicada por qualquer pessoa ou por qualquer formulação contém sempre algum equívoco. À medida que o tempo passa, o caminho torna-se cada vez mais errôneo e acaba por destruir seus próprios objetivos. Mas quando um grupo luta arduamente por uma escolha, depois de ouvir esta necessidade e aquele pedido, esta proposição e uma outra que a contradiz, gradualmente todos os dados vão surgindo e a decisão alcançada é uma sólida harmonia de todas as idéias, necessidades e desejos de todos e de cada um. Além disso, como a decisão foi deles, estão sempre abertos ao *feedback*, podendo corrigir o rumo à medida que surgem novos dados. Provavelmente isto representa a modalidade mais perfeita do processo de tomada de decisão que conhecemos.

Conclusão

Nossa experiência com os ciclos grandes contém importantes lições que nos informam sobre como poderia ser a educação do futuro.

Aprendemos que em curtíssimos espaços de tempo, grupos numerosos de pessoas poderiam começar a viver de maneiras mais apropriadas ao nosso incerto futuro.

Poderiam desenvolver um estilo participante de tomada de decisão, adaptável a quase todas as situações e que contém seu próprio mecanismo giroscópico de autocorreção, tão isento de erro quanto qualquer outro processo de tomada de decisão conhecido.

Poderiam desenvolver um sentido de comunidade no qual o respeito pelos demais e a cooperação, mais do que a competição, fossem a tônica.

Poderiam desenvolver uma nova confiança em si mesmos, descobrindo a fonte de valores dentro de si mesmos, atingindo a consciência de que a vida plena é interior e independe de fontes externas.

Aprendemos que estas mudanças, tão adequadas à vida numa cultura desintegradora, poderiam ter início num curto espaço de tempo e com um grande grupo de pessoas se nós mesmos aprendêssemos um modo de *ser* apropriado a esse mundo mutante.

Nenhuma destas lições é interiamente nova, mas tomadas em conjunto indicam que possuíamos estratégia educacional que possibilita estas mudanças no homem e que esta abordagem é factível aqui e agora. Em suma, nossas experiências colocam-nos diante de uma sugestão desafiadora de como a educação poderia ser no próximo século.

Referências bibliográficas

Harman, W. W. The coming transfiguration. *The Futurist*, February 1977, *11*(1), 4-12; April 1977, *1*(2), 106 +.

Stavrianos, L. S. *The promise of the coming Dark Age*. Sao Francisco: W. H. Freeman, 1976.

Thompson, W. I. Auguries of planetization. *Quest*, July/August 1977, *1*(3), p. 55-60, 94-95.

Parte IV

Olhando à frente: um cenário centrado na pessoa

8

O mundo do futuro
e a pessoa do futuro

Tenho, de longa data, um profundo interesse pelo futuro. Estamos num mundo que se transforma e me agrada tentar discernir os rumos que estamos tomando ou tomaremos. Estou convencido de que, neste momento, estamos atravessando uma crise transformacional, da qual nós e o nosso mundo não sairemos os mesmos. Mas gosto da analogia oriunda da língua chinesa, na qual o mesmo símbolo exprime dois significados: "crise" e "oportunidade". Adoto o mesmo ponto de vista — que as difíceis crises de amanhã representam igualmente grandes oportunidades. Neste capítulo, faço algumas especulações em torno desse tema. Num sentido muito real, considero este artigo muito frágil. Exponho um pensamento em processo, da maneira como ele é no momento. Ele contém idéias não formuladas anteriormente e as idéias recém-nascidas parecem sempre vacilantes. Tenta reunir muitas idéias vagas que brotaram em minha mente durante o ano passado, acesas por fagulhas provenientes de minhas leituras. Isto é especialmente verdadeiro quanto à primeira parte do capítulo.

A seguir, valho-me da experiência atual e passada à medida que tento retratar a pessoa que estará apta a viver neste mundo transformado.

Este capítulo me provoca uma certa apreensão. Já experimentei antes esta mesma sensação. Embora vagamente, acredito que o que estou dizendo aqui algum dia será mais profundamente destrinchado por mim ou por alguém. Trata-se de um começo, um esboço, uma sugestão. Assim, eu o apresento a vocês, em toda a sua inabilidade e imperfeição embrionárias. Ele retrata o ponto em que me encontro agora, em relação ao futuro.

*

Tradução de Yone Souza Patto.

O que o futuro encerra? Atualmente há muitas pessoas que se dedicam à tarefa de tentar prever o futuro, mas todos os trabalhos desse tipo não passam de especulação. Os cientistas podem predizer, com quase absoluta fidelidade, a data e a hora da chegada do cometa de Halley em 1985, mas ninguém sabe como será o mundo dos homens naquela data. A razão pode ser expressa numa frase: a existência da escolha. Edward Cornish (1980), presidente da World Future Society, o define muito bem:

A década de 80 — mais do que qualquer década anterior — será um período no qual a escolha da humanidade funcionará mais decisivamente do que jamais o fez. O rápido desenvolvimento da tecnologia tem livrado o homem da escravidão das circunstâncias ambientais e biológicas. Ele não é mais o prisioneiro de um ponto geográfico determinado, pois pode se transportar facilmente de um lado do mundo para o outro. Pode conversar com pessoas ao redor do mundo através dos novos inventos eletrônicos. Recentes avanços no campo biomédico tornam-lhe possível uma vida mais longa e uma melhor saúde, sistemas econômicos aperfeiçoados removeram — pelo menos em muitas nações — o perigo outrora constante da fome... Agora vemos o futuro não como um mundo que nos é imposto, mas como um mundo que nós mesmos criamos (p. 7)..

O mundo de amanhã

Três cenários

Pensando nestes termos, podemos imaginar vários cenários para os anos vindouros. Num extremo, encontra-se a possibilidade da guerra nuclear. Todo o seu horror chega aos meus ouvidos pela voz calma, factual, de George Bush, pertencente ao alto escalão do governo e que é, segundo este pronunciamento, candidato republicano à presidência. A entrevista abaixo foi dada por George Bush a Robert Scheer, repórter do *Los Angeles Times* (Scheer, 1980):

Scheer: *Com estas armas estratégicas, não chegamos a um ponto em que podemos nos eliminar mutuamente tantas vezes, e ninguém quer usá-las ou está com intenção de usá-las a ponto de, na realidade, não ter importância se formos 10 por cento ou 2 por cento a mais ou a menos?*
Bush: *Sim, se você acredita que num confronto nuclear não existe vencedor, esse argumento faz algum sentido. Eu não acredito nisso.*
Scheer: *Como se ganha um confronto nuclear?*
Bush: *Se se conseguir manter o comando sob controle, a manutenção do potencial industrial, a proteção de uma porcentagem de seus cidadãos e se se tiver a capacidade de infligir mais danos ao inimigo do que ele a você. É desse modo que pode haver um vencedor e os planos soviéticos são baseados no terrível conceito de vencedor num confronto nuclear.*
Scheer: *O senhor quer dizer que uns 5 por cento sobreviveriam? Dois por cento?*
Bush: *Mais do que isso — se todos detonassem tudo o que têm, haveria uma sobrevivência maior do que essa.*

Pensemos, por um momento, no que estas palavras significam. No caso de guerra nuclear, Bush está dizendo, o pessoal do alto comando militar e os altos funcionários do governo sobreviveriam (no fundo de alguma montanha, sem dúvida) e alguns líderes industriais e donos de fábricas sobreviveriam. E nós? Digamos que 2 a 15 por cento sobrevivam. Isto significa que, quase com absoluta certeza, você e eu e mais de 200 *milhões* de outros americanos seríamos mortos. E o Sr. Bush chama a isto de vencer! E fica satisfeito com a proposição de que uma porcentagem ainda maior de russos seria destruída.

Se acrescentarmos a carga radioativa presente em tudo o que sobreviver em ambos os países e a chuva radioativa que circundaria o globo, o quadro torna-se ainda mais incrível. Tal cenário parece só poder ser concebido pela mente de um louco furioso. Mas sabemos que isso parte de pessoas pensantes nas áreas governamental e militar dos Estados Unidos e da União Soviética. E no momento em que escrevo este trabalho, quando ameaçamos usar, se necessário, a força militar para defender nossos interesses relativos ao petróleo, no Oriente Médio, isto parece assustadoramente possível. Trata-se, portanto, de um cenário quase suicida que não podemos descartar, embora o horror que ele nos causa seja tão grande a ponto de não querermos nem pensar nele.

Se admitirmos que os líderes mundiais impedirão o suicídio planetário, outros cenários tornam-se possíveis. Um deles seria o de que, nos anos 80, as coisas se desenrolarão como se desenrolaram até agora, sem grandes mudanças: o terrorismo e o crime continuam mas os contra-ataques científico e tecnológico também; alguns aspectos dos problemas mundiais tornam-se piores mas outros melhoram. Nossa vida não sofreria grandes mudanças.

Outro cenário possível seria o de vermo-nos arrebatados pelos mais modernos progressos da tecnologia. Incríveis avanços na computação da inteligência e da tomada de decisões: bebês de proveta implantados no útero das mulheres ou até mesmo se desenvolvendo totalmente fora do corpo humano; a criação de novas espécies microscópicas e macroscópicas por meio do trabalho de recombinação dos genes; cidades sob cúpulas onde o meio ambiente é todo controlado pelas pessoas; meios ambientes completamente artificiais permitindo ao homem viver no espaço; estas são algumas das inovações tecnológicas que podem afetar nossas vidas. Elas têm em comum o fato de que afastam cada vez mais o ser humano da natureza, do solo, do clima, do sol, do vento e de todos os processos naturais. Este progresso produziria mudanças cuja magnitude é impossível prever, pois estaremos empenhados em lidar com decisões, vidas e ambientes completamente feitos pelo homem. Não sabemos se seremos beneficiados ou prejudicados. A única certeza é a de que o nosso afastamento do mundo natural seria muitíssimo maior do que atualmente.

Um ponto de partida para um cenário diferente

Há um outro tipo de cenário que tem por base mudanças relacionadas com a pessoa. É deste cenário que quero tratar. Dispomos atualmente de uma série de conhecimentos novos que alteram toda a nossa concepção sobre as potencialidades do indivíduo, que mudam nossa percepção da "realidade", que modificam a nossa maneira de ser e de nos comportar, que alteram nossos sistemas de crenças. Quero simplesmente relacionar, sem explicações, uma série destas novas tendências, muitas das quais serão familiares, ao passo que outras poderão soar estranhas. No livro de Marilyn Ferguson, *A Conspiração de Aquário* (1980), encontramos uma descrição mais nítida e muito mais completa destas tendências. Seu subtítulo é ainda mais esclarecedor: "Transformações Pessoais e Sociais nos Anos 80".

Em primeiro lugar, vejamos alguns dos conhecimentos que ampliam nossa concepção das potencialidades do indivíduo. (As categorias que uso se superpõem em alguns aspectos, mas vou separá-las por motivos didáticos.)

Existe um interesse intenso e crescente por todas as formas de meditação – o reconhecimento e o uso de fontes interiores de energia.

Há um respeito crescente pelo uso da intuição como um poderoso instrumento.

Verdadeiras multidões vivenciaram estados alterados de consciência – muitos através das drogas, mas um número cada vez maior através da disciplina psicológica. Nossa capacidade neste sentido abre novos horizontes.

Pesquisas sobre o *biofeedback* mostram que nossa mente inconsciente é capaz de aprender em poucos instantes, sem ser ensinada, a controlar a atividade de uma única *célula*. Com a demonstração visual da ação de alguns de seus grupos de músculos, qualquer pessoa pode mudar a ação de um grupo de músculos controlado por uma *única célula* da medula espinhal (Brown, 1980). As implicações deste potencial estão além da imaginação.

Os fenômenos paranormais, como a telepatia, a premonição e a clarividência foram comprovados o suficiente para merecerem o reconhecimento científico. Além disso, há provas de que a maioria das pessoas é capaz de descobrir ou de desenvolver, por si próprias, tais habilidades.

Estamos aprendendo que é possível curar ou aliviar muitas de nossas doenças através do emprego intencional de nosso consciente e de nosso inconsciente. O conceito de saúde integral vem aumentando a compreensão das capacidades interiores da criatura.

Observa-se um interesse crescente pelos poderes espirituais e transcendentais do indivíduo.

Os cientistas que se dedicam ao estudo do cérebro confirmam a opinião de que existe uma mente poderosa, com uma enorme capacidade de ação inteligente e que existe completamente à parte da estrutura do cérebro (Brown, 1980).

É possível que a evolução nos conduza a uma supraconsciência e a uma supermente dotada de um poder muitíssimo maior do que o da mente e da consciência que possuímos atualmente (Brown, 1980).

Voltemo-nos agora para outros progressos que alteram nossa percepção da realidade. Alguns deles pertencem ao campo científico.

Há uma convergência entre física teórica e misticismo, especialmente o misticismo oriental — um reconhecimento de que o universo inteiro, no qual se inclui o homem, é "um *ballet* cósmico". Sob este prisma, os conceitos de matéria, tempo e espaço perdem a relevância; existem apenas oscilações. Esta mudança em nossa concepção do mundo é revolucionária.

A teoria holográfica do funcionamento cerebral, desenvolvida pelo neurocientista de Stanford, Karl Pribram (resumida em Ferguson, 1980, p. 177-187), não apenas revoluciona nossa concepção do funcionamento do cérebro, mas sugere que o cérebro pode criar a nossa "realidade".

Novas epistemologias e filosofias da ciência consideram o conceito linear de causa e efeito da ciência apenas como um pequeno exemplo dos diversos caminhos do conhecimento. Particularmente nas ciências biológicas, as relações recíprocas de causa e efeito atualmente são encaradas como o único fundamento de uma ciência racional. Estes novos caminhos da ciência revolucionarão a nossa maneira de estudar e perceber o mundo, especialmente o mundo biológico e humano. (Ferguson, 1980, p. 163-169, apresenta um resumo condensado, mas claro, destas novas abordagens.)

Fora do campo científico, a realidade está sendo percebida de novas formas. Isto é particularmente verdadeiro no caso da morte e do ato de morrer. Estamos aceitando muito mais a morte como uma realidade e estamos aprendendo muita coisa a respeito do processo da morte como uma culminação da vida.

Dispomos ainda de recentes informações sobre a maneira pela qual as pessoas se modificam. A maior parte da matéria desse livro refere-se a estas mudanças. Vou enumerá-las a seguir:

O movimento feminista é apenas um exemplo entre os vários tipos de atividades decorrentes de uma maior consciência. Os movimentos pelos direitos dos *gays* e o poder negro são outros exemplos. Eles estão mudando o comportamento das pessoas, ao chamar de modo contundente a atenção para os preconceitos, suposições e estereótipos que nos moldaram.

"Focalizar" ou adquirir plena consciência de alguma experiência até então negada acarreta mudanças psicológicas e fisiológicas na psicoterapia e resulta em mudanças comportamentais.

Está-se chegando à compreensão de que a pessoa é um *processo* e não um conjunto fixo de hábitos, o que provoca maneiras diferentes de comportamento, aumenta as opções.

Existe uma forte tendência no sentido de fazer um maior uso da psicoterapia individual e provas cada vez maiores de que esta experiência provoca mudanças no eu e no comportamento.

Há uma quantidade enorme de pessoas que experimentaram mudanças pessoais e coletivas duradouras em todos os tipos de grupos intensivos. Este fenômeno foi discutido nos capítulos anteriores.

A tendência a atitudes mais humanas na educação produz efeitos profundos na aprendizagem e em outros comportamentos. Este fato também tem sido documentado.

Um derradeiro conjunto de tendências modernas refere-se às mudanças em nossos sistemas de crenças. Vou ressaltar apenas algumas:

Há uma insistência cada vez maior em torno da liberdade individual da escolha e uma resistência correspondente à submissão e aceitação da autoridade.

Há uma oposição crescente e um desagrado geral em relação às instituições, empresas e máquinas burocráticas de grande porte, ao mesmo tempo que crescem o interesse e o empenho pelas conquistas de grupos pequenos e cooperativos.

Há uma crescente descrença na ciência reducionista e um interesse crescente pela velha sabedoria das culturas mais antigas e pelas "ciências" antigas.

O significado destas tendências

Qual o significado, qual a importância dessa evolução que se processa na vida moderna?

Tomadas em conjunto, estas tendências transformam profundamente o nosso conceito de pessoa e do mundo que ela percebe. Esta pessoa possui um potencial jamais sonhado até agora. A inteligência inconsciente desta pessoa é extremamente capaz. Consegue controlar diversas funções do corpo, curar doenças, criar novas realidades. Pode penetrar no futuro, ver coisas à distância, comunicar pensamentos diretamente. Esta pessoa tem uma nova consciência de sua própria força, de suas capacidades e de seu poder, uma consciência de si como um processo de mudança. Esta pessoa vive num universo novo e onde todos os conceitos que lhe eram familiares desapareceram — tempo, espaço, objeto, matéria, causa, efeito — nada permanece, a não ser a energia vibratória.

Acredito que estas manifestações constituem uma "massa crítica" que produzirá drásticas mudanças sociais. No desenvolvimento da bomba atômica, a temperatura e outras condições foram gradualmente elevadas até ser atingida uma determinada massa. A consecução desta massa crítica resultou num processo expansivo, explosivo. As manifestações a que me refiro são desse tipo, exceto pelo fato de que esse processo se dará nas pessoas e nos sistemas sociais.

Outra analogia científica é a da "mudança de paradigma". Em qualquer época, nossa concepção científica do mundo corresponde a um padrão. Certamente, há acontecimentos e fenômenos que não se encaixam, mas são deixados de lado até que comecem a se acumular e não possam continuar a ser ignorados. Então, um Copérnico ou um Einstein nos fornecem um padrão completamente novo, uma nova concepção do mundo. Não se trata de um remendo do antigo paradigma, embora o contenha. É uma conceitualização totalmente nova. Não podemos nos mover gradativamente do velho para o novo. Devemos adotar um ou outro: a mudança de paradigma é isto. Na área do fazer científico, geralmente os cientistas mais velhos vão para o túmulo acreditando no primeiro paradigma, mas as novas gerações crescem e convivem sem problemas com o novo paradigma.

O que estou dizendo é que muitas das tendências convergentes que relacionei constituem uma mudança de paradigma. Certamente tentaremos viver num mundo que já nos é familiar, exatamente da mesma maneira como as pessoas viveram durante muito tempo num mundo plano, mesmo já sabendo que ele era redondo. Porém, à medida que estas novas maneiras de entender o indivíduo e o mundo se tornarem cada vez mais o alicerce de nosso pensamento e de nossa vida, as transformações serão inevitáveis. Ilya Prigogine (1980), o químico belga que ganhou o Prêmio Nobel em 1977 e que muito contribuiu para a nova concepção de ciência, diz, dirigindo-se aos cientistas: "Vemos um mundo novo à nossa volta. Temos a impressão de que estamos no alvorecer de uma nova era, com todo o entusiasmo, toda a esperança e também todos os riscos inerentes a um recomeço".

A pessoa de amanhã

Quem estará apto a viver neste mundo completamente estranho? Acredito que serão os jovens de cabeça e espírito — e isto quase sempre significa os que estão jovens de corpo também. Como a nossa juventude se desenvolve no mundo envolvida pelas tendências e concepções que descrevi, muitos tornar-se-ão pessoas novas — sob medida para viverem no mundo do futuro — e juntar-se-ão a pessoas mais velhas que tenham assimilado os conceitos transformacionais. É evidente que nem todos os jovens. Ouço dizer que os jovens de hoje só se interessam por emprego e segurança, que não são pessoas ousadas ou inovadoras, que são conservadores procurando ser o "número um". Talvez seja assim, mas certamente não é verdade em relação aos jovens com os quais tenho contato. Estou certo de que alguns continuarão a viver no mundo atual. Muitos, entretanto, habitarão o novo mundo do futuro.

De onde virão? Observo que eles já existem. Onde os tenho encontrado? Encontro-os nos executivos que desistiram da competição em terno e gravata, da sedução dos altos salários e das opções da Bolsa para viver uma vida mais simples. Encontro-os entre homens e mulheres jovens de *jeans* que estão desafiando a maior parte dos valores da cultura atual e vivendo de novas maneiras. Encontro-os entre padres, freiras e pastores que deixaram de lado os dogmas de suas instituições para viver de uma maneira que faça mais sentido. Encontro-os entre mulheres que estão lutando contra as limitações que a sociedade impõe à sua individualidade e superando-as. Encontro-os entre os negros, as minorias latinas e entre os membros de outras minorias que estão se libertando de séculos de passividade e caminhando em direção a uma vida assertiva, positiva. Encontro-os entre aqueles que passaram por grupos de encontro e que estão encontrando lugar para o sentimento e para o pensamento em suas vidas. Encontro-os entre os evasores escolares criativos, que estão tentando objetivos mais elevados que sua escolaridade estéril permite. Percebo também que entrevi um pouco destas pessoas em meus anos como terapeuta, no momento em que os clientes procuravam escolher um tipo de vida mais livre, mais rico e mais autodirigido. Estes são alguns dos lugares onde encontrei pessoas capazes de viver neste mundo transformado.

Características das pessoas do futuro

Quando convivo com estas pessoas, verifico que elas possuem certos traços em comum. Talvez ninguém possua todas estas características, mas acredito que a capacidade para viver neste mundo totalmente revolucionado do futuro é marcada por determinadas características. Descreverei muito resumidamente algumas delas, tais como as tenho observado e sentido.

1. *Abertura*. Estas pessoas possuem uma abertura para o mundo – tanto interior quanto exterior. São abertas à experiência, a novas maneiras de ver, a novas maneiras de ser, a novas idéias e conceitos.

2. *Desejo de autenticidade*. Observo que estas pessoas valorizam a comunicação como uma maneira de dizer as coisas como elas são. Rejeitam a hipocrisia, a falsidade e a ambigüidade da nossa cultura. São abertas em sua vida sexual, por exemplo, em vez de levarem uma vida clandestina ou dupla.

3. *Ceticismo em relação à ciência e à tecnologia*. Eles têm uma profunda desconfiança em relação à ciência e à tecnologia atuais, usadas para conquistar o mundo da natureza e controlar o mundo humano. Por outro lado, quando a ciência – como é o caso do *biofeedback* – é utilizada para fins de autoconscientização e controle da pessoa pela própria pessoa, mostram-se seus zelosos defensores.

4. *Desejo de inteireza*. Estas pessoas não gostam de viver num mundo dividido em compartimentos – corpo e mente, saúde e doença, intelecto e sensação, ciência e senso comum, indivíduo e grupo, sanidade e insanidade, trabalho e lazer. Lutam pela totalidade da vida, onde o pensamento, o sentimento, a energia física, a energia psíquica, a energia térmica, estejam integrados à experiência.

5. *Desejo de intimidade.* Estão em busca de novas formas de aproximação, de intimidade, de objetivos partilhados. Estão à procura de novas formas de comunicação verbal e não-verbal, sentimental e intelectual — nesse tipo de comunidade.

6. *Pessoas em processo.* Elas estão profundamente conscientes de que a mudança é uma das certezas na vida — estão sempre em processo, sempre mudando. Aceitam de braços abertos um estilo de vida arriscado e são extremamente vitais na maneira como encaram a mudança.

7. *Dedicação.* Estas pessoas desejam dedicar-se a outras, estão ansiosas por ajudá-las sempre que seja realmente necessário. Trata-se de uma preocupação delicada, sutil, sem moralismos ou avaliações. Desconfiam dos "ajudantes" profissionais.

8. *Atitude em relação à natureza.* Sentem-se próximos à natureza, interessam-se por ela. São adeptos da ecologia e sentem prazer em aliarem-se às forças da natureza e não em dominá-las.

9. *Anti-institucional.* Estas pessoas têm antipatia por qualquer tipo de instituição altamente estruturada, inflexível e burocrática. Acham que as instituições deveriam servir às pessoas e não o inverso.

10. *Autoridade interna.* Estas pessoas confiam em sua própria experiência e desconfiam da autoridade externa. Fazem seus próprios julgamentos morais, mesmo que isso implique desobedecer abertamente as leis que considerem injustas.

11. *A irrelevância dos bens materiais.* Estas pessoas são basicamente indiferentes ao conforto e às recompensas materiais. O dinheiro e os símbolos materiais de *status* não são o seu objetivo. Podem viver na abundância mas isto não lhes é necessário.

12. *Anseio pelo espiritual.* As pessoas do futuro são indagadoras. Querem encontrar um sentido e um objetivo para a vida que transcendam o individual. Algumas são iniciadas em cultos, mas a maioria delas está examinando todos os caminhos através dos quais a humanidade tem encontrado valores e forças que ultrapassam o individual. Desejam viver uma vida de paz interior. Seus heróis são criaturas espirituais — Mahatma Gandhi, Martin Luther King, Teilhard de Chardin. Às vezes, quando sob estados alterados de consciência, entram em contato com a unidade e a harmonia do universo.

Estas são algumas das características que vejo na pessoa do futuro. Estou ciente de que poucas possuem todas estas características, e sei que estou descrevendo uma pequena minoria da população.

O impressionante é que pessoas com estas características sentir-se-ão à vontade num mundo que consiste apenas de energia vibratória, num mundo sem qualquer base concreta, num mundo de processo e de mudança, num mundo no qual a mente, em seu sentido mais amplo, está consciente da nova realidade, ao mesmo tempo em que a cria. Elas serão capazes de realizar a mudança de paradigma.

A pessoa do futuro sobreviverá?

Descrevi pessoas que destoam acentuadamente do nosso mundo convencional. Elas conseguirão — ser-lhes-á permitido — sobreviver? Que obstáculos encontrarão? De que maneira podem influir em nosso futuro?

Oposição

Haverá oposição à emergência deste novo indivíduo. Tentarei explicitar esta oposição através de uma série de *slogans* que podem revelar alguma coisa sobre as fontes de antagonismo.

1. *"O Estado acima de tudo."* A década passada mostrou-nos claramente que nos Estados Unidos, como na maioria dos outros países, não há lugar, na elite governante e na máquina burocrática que a rodeia, para dissidentes ou para os que têm outros valores e objetivos.

A nova pessoa tem sido e continuará a ser acossada, a ter a sua liberdade de expressão negada, a ser acusada de conspiração e a ser presa por não querer se adaptar. Para inverter esta tendência será necessária uma tomada de consciência maciça — e improvável — do povo norte-americano. A aceitação da diversidade de valores, de estilos de vida e de opiniões constitui o âmago do processo democrático, embora não tenha mais lugar nos Estados Unidos. Assim, estas pessoas que estão surgindo certamente serão reprimidas, se possível, pelo próprio governo.

2. *"A tradição acima de tudo".* As instituições de nossa sociedade — educacionais, empresariais, religiosas, familiais — levantam-se contra quem quer que desafie a tradição. As universidades e as escolas públicas são as instituições que mais se mostram hostis às pessoas do futuro. Elas não se ajustam à tradição e serão relegadas ao ostracismo e eliminadas, sempre que possível. As empresas, a despeito da imagem conservadora, mostram-se um pouco mais sensíveis às tendências sociais. Mesmo assim, elas se oporão aos que puserem a auto-realização acima do empreendimento, o crescimento pessoal acima do salário ou do lucro, a cooperação com a natureza acima de sua conquista. A Igreja é um oponente menos poderoso. E a família e as tradições conjugais já se encontram em tal estado de confusão que seu antagonismo, embora exista, não pode ser efetivo.

3. *"O intelecto acima de tudo."* Como estas pessoas que estão surgindo estão tentando ser inteiras — com o corpo, a mente, os sentimentos, o espírito e os poderes psíquicos integrados —, serão consideradas como uma das afrontas mais insolentes. Não só a ciência e as academias, mas também o governo, baseiam-se na suposição de que o raciocínio cognitivo é a *única* função importante da espécie humana. Acredita-se que a inteligência e a racionalidade podem resolver tudo. Foi esta crença que nos levou à lama

do Vietnã. Esta convicção é compartilhada pelos cientistas, pelos membros das universidades e pelos políticos que atuam em todos os níveis. Eles serão os primeiros a despejar desprezo e escárnio sobre quem quer que, através de palavras ou ações, desafie esse credo.

4. *"Os seres humanos deveriam ser modelados."* É possível extrapolar, de acordo com os princípios da lógica, uma concepção da espécie humana decorrente de nossa cultura tecnológica atual. Esta concepção implica na aplicação de uma tecnologia social e psicológica para controlar o comportamento desadaptado, em nome de uma sociedade pós-industrial regulamentada. Esses controles seriam exercidos não por uma única força institucional mas por algo que alguns chamam de "burocracias de guerra-assistência-indústria-comunicação-polícia". É evidente que um dos primeiros alvos desta complexa teia, caso prevaleça a imagem conformista, seria o controle ou a eliminação da pessoa que descrevi.

5. *"O status quo para sempre."* A mudança ameaça e sua possibilidade dá origem a pessoas assustadas e zangadas. Elas são encontradas, em sua mais pura essência, na extrema direita política, mas em todos nós existe um pouco de medo do processo, da mudança. Assim, os ataques verbais contra esta nova pessoa virão da direita altamente conservadora, que fica compreensivelmente aterrorizada quando vê ruir seu mundo de segurança. Entretanto, estas vozes conservadoras receberão um grande apoio silencioso de toda a população. A mudança é dolorosa e incerta. Quem a deseja? A resposta é: *poucos*.

6. *"Nossa verdade é a verdade."* Os crédulos são também inimigos da mudança e poderão ser encontrados na esquerda, na direita e no centro. São incapazes de tolerar uma pessoa que busca, incerta e moderada. Jovens ou velhos, fanaticamente aderidos à esquerda ou à direita, sentem-se no dever de opor-se a este indivíduo em processo que *procura* a verdade. Esses verdadeiros crentes *são donos* da verdade e os demais devem concordar.

Por isso, à medida que continuarem a sair para a luz do dia, as pessoas do futuro encontrarão cada vez mais resistência e hostilidade por parte destas seis importantes fontes. Poderão até mesmo ser esmagadas por elas.

Uma visão mais otimista

Apesar dos obstáculos que encontrarão, confio cada vez mais que as pessoas do futuro não só sobreviverão como virão a constituir um fermento importantíssimo em nossa cultura.

A razão do meu otimismo baseia-se no desenvolvimento e florescimento contínuos das mudanças nas perspectivas científicas, sociais e pessoais. A física teórica não pode mais ser recolocada numa caixa do passado. O *biofeedback* só pode prosseguir e não regredir, e continua a desabrochar poderes jamais sonhados de nossa inteligência profunda e inconsciente. Um número sempre crescente de pessoas experimentará estados alterados de consciência. E assim por diante, e assim por diante, por toda a lista. Em outras palavras, as pressões continuarão a crescer até forçarem a mudança do paradigma.

As pessoas do futuro são exatamente as mesmas que são capazes de compreender e absorver essa mudança de paradigma. Serão as únicas capazes de viver neste mundo novo, cujos contornos são apenas vagamente perceptíveis. Porém, a menos que nos façamos voar pelos ares, esse mundo novo está chegando, inexoravelmente, e transformando nossa cultura.

Este mundo novo será mais humano e mais humanitário. Irá explorar e desenvolver a riqueza e as capacidades da mente e do espírito humanos. Produzirá indivíduos mais integrados e inteiros. Será um mundo que enaltece a criatura humana — o maior de nossos recursos. Será um mundo mais natural, com um renovado amor e respeito pela natureza. Desenvolverá uma ciência mais humana, baseada em conceitos novos e menos rígidos. Sua tecnologia visará ao enaltecimento das pessoas e da natureza, e não à sua exploração. Liberará a criatividade, à medida que as criaturas perceberem seu poder, sua capacidade e sua liberdade.

Os ventos das mudanças científicas, sociais e culturais estão soprando com força. Eles nos envolverão nesse mundo novo, nesse mundo do futuro que tentei esboçar. O fundamental, nesse mundo novo, serão as pessoas, as pessoas do futuro que descrevi.

Este é o cenário do futuro centrado na pessoa. Podemos escolhê-lo. Porém, quer o escolhamos ou não, parece que ele está caminhando inexoravelmente para a mudança da nossa cultura. E as mudanças se darão em direção a um maior humanismo.

Referências bibliográficas

Brown, B. *Supermind: The ultimate energy*. New York: Harper and Row, 1980.
Cornish, E. An agenda for the 1980s. *The Futurist*, February 1980, *14*, 5-13.
Ferguson, M. *The Aquarian conspiracy: Person and social transformation in the 1980s*. Los Angeles: J. P. Tarcher, 1980.
Prigogine, I. Einstein: Triumphs and conflicts. *Newsletter*, February 1980, p. 5.
Scheer, R. *Los Angeles Times*, January 24, 1980.

Apêndice
Bibliografia cronológica

A lista que se segue abrange as publicações de Carl R. Rogers de 1930 a 1980:

1930

Com C. W. Carson. Intelligence as a factor in camping activities. *Camping Magazine*, 1930, *3*(3), 8-11.

1931

Measuring personality adjustment in children nine to thirteen. New York: Teachers College, Columbia University, Bureau of Publications, 1931, 107 p.

A test of personality adjustment. New York: Association Press, 1931.

Com M. E. Rappaport. We pay for the Smiths. *Survey Graphic*, 1931, *19*, 508 ss.

1933

A good foster home: Its achievements and limitations. *Mental Hygiene*, 1933, *17*, 21-40. Também publicado em F. Lowry (org.), *Readings in social case work*. Columbia University Press, 1939, p. 417-436.

1936

Social workers and legislation. *Quarterly Bulletin New York State Conference on Social Work*, 1936, *7*(3), 3-9.

1937

The clinical psychologist's approach to personality problems. *The Family*, 1937, *18*, 233-243.

Three surveys of treatment measures used with children. *Amer. J. Orthopsychiat.*, 1937, *7*, 48-57.

1938

A diagnostic study of Rochester youth. *N. Y. State Conference on Social Work.* Syracuse: 1938, p. 48-54.

1939

Authority and case work — Are they compatible? *Quarterly Bulletin, N. Y. State Conference on Social Work.* Albany: 1939, p. 16-24.

The clinical treatment of the problem child. Boston: Houghton Mifflin, 1939, 393 p.

Needed emphases in the training of clinical psychologists. *J. Consult. Psychol.*, 1939, *3*, 141-143.

1940

The processes of therapy. *J. Consult. Psychol.*, 1940, *4*, 161-164.

1941

Psychology in clinical practice. In: J. S. Gray (org.), *Psychology in use.* New York: American Book Company, 1941, p. 114-167.

Com C. C. Bennett. Predicting the outcomes of treatment. *Amer. J. Orthopsychiat., psychiat.*, 1941, *11*, 222-229.

Com C. C. Bennett. Predicting the outcomes of treatment. *Amer. J. Orthopsychiat.*, 1941, *11*, 210-221.

1942

Counseling and psychotherapy. Boston: Houghton Mifflin, 1942, 450 p. Traduzido para o japonês e publicado pela Sogensha Press, Tokyo, 1951.

Mental health problems in three elementary schools. *Educ. Research Bulletin*, 1942, *21*, 69-79.

The psychologist's contributions to parent, child, and community problems. *J. Consult. Psychol.*, 1942, *6*, 8-18.

A study of the mental health problems in three representative elementary schools. In: T. C. Holy et al., *A study of health and physical education in Columbus Public Schools.* Ohio State Univer., Bur. of Educ. Res. Monogr., N° 25, 1942, p. 130-161.

The use of electrically recorded interviews in improving psychotherapeutic techniques. *Amer. J. Orthopsychiat.*, 1942, *12*, 429-434.

1943

Therapy in guidance clinics. *J. Abnorm. Soc. Psychol.*, 1943, *38*, 284-289. Também publicado em R. Watson (org.), *Readings in clinical psychology.* New York: Harper and Bros., 1949, p. 519-527.

1944

Adjustment after combat. Army Air Forces Flexible Gunnery School, Fort Myers, Flórida. Restricted Publication, 1944, 90 p.

The development of insight in a counseling relationship. *J. Consult. Psychol.*, 1944, *8*, 331-341. Também publicado em A. H. Brayfield (org.), *Readings on modern methods of counseling.* New York: Appleton-Century-Crofts, 1950, p. 119-132.

The psychological adjustments of discharged service personnel. *Psych. Bulletin*, 1944, *41*, 689-696.

1945

Counseling. *Review of Educ. Research*, 1945, *15*, 155-163.

A counseling viewpoint for the USO worker. *USO Program Services Bulletin*, 1945.

Dealing with individuals in USO. *USO Program Services Bulletin*, 1945.

The nondirective method as a technique for social research. *Amer. J. Sociology*, 1945, *50*, 279-283.

Com V. M. Axline. A teacher-therapist deals with a handicapped child. *J. Abnorm. Soc. Psychol.*, 1945, *40*, 119-142.

Com R. Dicks e S. B. Wortis. Current trends in counseling, a symposium. *Marriage and Family Living*, 1945, *7*(4).

1946

Psychometric tests and client-centered counseling. *Educ. Psychol. Measmt.*, 1946, *6*, 139-144.

Recent research in nondirective therapy and its implications. *Amer. J. Orthopsychiat.*, 1946, *16*, 581-588.

Significant aspects of client-centered therapy. *Amer. Psychologist*, 1946, *1*, 415-422. Traduzido para o espanhol e publicado na *Rev. Psicol. Gen. Apl.*, Madri, 1949, *4*, 215-237.

Com G. A. Muench. Counseling of emotional blocking in an aviator. *J. Abnorm. Soc. Psychol.*, 1946, *41*, 207-216.

Com J. L. Wallen. *Counseling with returned servicemen*. New York: McGraw-Hill, 1946, 159 p.

1947

The case of Mary Jane Tilden. In: W. U. Snyder (org.), *Casebook of nondirective counseling*. Boston: Houghton Mifflin, 1947, p. 129-203.

Current trends in psychotherapy. In: W. Dennis (org.), *Current trends in psychology*, University of Pittsburgh Press, 1947, p. 109-137.

Some observations on the organization of personality. *Amer. Psychologist*, 1947, *2*, 358-368. Também publicado em A. Kuenzli (org.), *The phenomenological problem*. New York: Harper and Bros., 1959, p. 49-75.

1948

Dealing with social tensions: A presentation of client-centered counseling as a means of handling interpersonal conflict. New York: Hinds, Hayden and Eldredge, Inc., 1948, 30 p. Também publicado em *Pastoral Psychology*, 1952, *3*(28), 14-20; *3*(29), 37-44.

Divergent trends in methods of improving adjustment. *Harvard Educational Review*, 1948, *18*, 209-219. Também publicado em *Pastoral Psychology*, 1950, *1*(8), 11-18.

Research in psychotherapy: Round Table, 1947. *Amer. J. Orthopsychiat.*, 1948, *18*, 96-100.

Some implications of client-centered counseling for college personnel work. *Educ. Psychol. Measmt.*, 1948, *8*, 540-549. Publicado também em *College and University*, 1948, e *Registrar's Journal*, 1948.

Com B. L. Kell e H. McNeil. The role of self-understanding in the prediction of behavior. *J. Consult. Psychol.*, 1948, *12*, 174-186.

1949

The attitude and orientation of the counselor in client-centered therapy. *J. Consult. Psychol.*, 1949, *13*, 82-94.

A coordinated research in psychotherapy: A non-objective introduction. *J. Consult. Psychol.*, 1949, *13*, 149-153.

1950

A current formulation of client-centered therapy. *Social Service Review*, 1950, *24*, 442-450.

Significance of the self-regarding attitudes and perceptions. In: M. L. Reymert (org.), *Feelings and emotions*. New York: McGraw-Hill, 1950, p. 374-382. Publicado também em L. Gorlow e W. Katkovsky (orgs.), *Readings in the psychology of adjustment*. New York: McGraw-Hill, 1959.

What is to be our basic professional relationship? *Annals of Allergy*, 1950, *8*, 234-239. Publicado também em M. H. Krout (org.), *Psychology, psychiatry, and the public interest*. University of Minnesota Press, 1956, p. 135-145.

Com R. Becker. A basic orientation for counseling. *Pastoral Psychology*, 1950, *1*(1), 26-34.

Com D. G. Marquis e E. R. Hilgard. ABEPP policies and procedures. *Amer. Psychologist*, 1950, *5*, 407-408.

1951

Client-centered therapy: A helping process. *The University of Chicago Round Table*, 1951, *698*, 12-21.

Client-centered therapy: Its current practice, implications, and theory. Boston: Houghton Mifflin, 1951, 560 p. Traduzido para o japonês e publicado por Iwasaki Shoten Press, 1955.

Perceptual reorganization in client-centered therapy. In: R. R. Blake e G. V. Ramsey (orgs.), *Perception: An approach to personality*. New York: Ronald Press, 1951, p. 307-327.

Studies in client-centered psychotherapy III: The case of Mrs. Oak – A research analysis. *Psychol. Serv. Center J.*, 1951, *3*, 47-165. Publicado também em C. R. Rogers e R. F. Dymond (orgs.), *Psychotherapy and personality change*. University of Chicago Press, 1954, p. 259-348.

Through the eyes of a client. *Pastoral Psychology*, 1951, *2*(16), 32-40; (17) 45-50; (18) 26-32.

Where are we going in clinical psychology? *J. Consult. Psychol.*, 1951, *15*, 171-177.

Com T. Gordon, D. L. Grummon e J. Seeman. Studies in client-centered psychotherapy I: Developing a program of research in psychotherapy. *Psychol. Serv. Center J.*, 1951, *3*, 3-28. Publicado também em C. R. Rogers e R. F Dymond (orgs.), *Psychotherapy and personality change*. University of Chicago Press, 1954, p. 12-34.

1952

Client-centered psychotherapy. *Scientific American*, 1952, *187*, 66-74.

Communication: Its blocking and facilitation. *Northwestern University Information*, 1952, *20*, 9-15. Reproduzido em ETC, 1952, *9*, 83-88; *Harvard Bus. Rev.*, 1952, *30*,

46-50; *Human Relations for Management*, E. C. Bursk (org.), New York: Harper and Bros., 1956, p. 150-158. Tradução francesa em *Hommes et Techniques*, 1959.

A personal formulation of client-centered therapy. *Marriage and Family Living*, 1952, *14*, 341-361. Publicado também em C. E. Vincent (org.), *Readings in marriage counseling*. New York: T. Y. Crowell Co., 1957, p. 392-423.

Com R. H. Segel. *Client-centered therapy: Parts I and II*. Filme de 16 mm sonoro. State College, Pa.: Psychological Cinema Register, 1952.

1953

The interest in the practice of psychotherapy. *Amer. Psychologist*, 1953, *8*, 48-50.

A research program in client-centered therapy. *Res. Publ. Ass. Nerv. Ment. Dis.*, 1953, *31*, 106-113.

Some directions and end points in therapy. In: O. H. Mowrer (org.), *Psychotherapy: Theory and research*. New York: Ronald Press, 1953, p. 44-68.

Com G. W. Brooks, R. S. Driver, W. V. Merrihue, P. Pigors e A. J. Rinella. Removing the obstacles to good employee communications. *Management Record*, 1953, *15*(1), 9-11, 32-40.

1954

Becoming a person. Oberlin College Nellie Heldt Lecture Series. Oberlin: Oberlin Printing Co., 1954, 46 p. Reproduzido por Hogg Foundation for Mental Hygiene, University of Texas, 1966; *Pastoral Psychology*, 1956, 7(61), 9-13, e 1956, 7(63), 16-26. Publicado também em S. Doniger (org.), *Healing, human and divine*. New York: Association Press, 1957, p. 57-67.

The case of Mr. Bebb: The analysis of a failure case. In: C. R. Rogers e R. F. Dymond (orgs.), *Psychotherapy and personality change*. University of Chicago Press, 1954, p. 349-409.

Changes in the maturity of behavior as related to therapy. In: C. R. Rogers e R. F. Dymond (orgs.), *Psychotherapy and personality change*. University of Chicago Press, 1954, p. 215-237.

An overview of the research and some questions for the future. In: C. R. Rogers e R. F. Dymond (orgs.), *Psychotherapy and personality change*. University of Chicago Press, 1954, p. 413-434.

Towards a theory of creativity. *ETC: A Review of General Semantics*, 1954, *11*, 249-260. Publicado também em H. Anderson (org.), *Creativity and its cultivation*. New York: Harper and Bros., p. 69-82.

Com R. F. Dymond (orgs.), *Psychotherapy and personality change*. University of Chicago Press, 1954, 447 p.

1955

A personal view of some issues facing psychologists. *Amer. Psychologist*, 1955, *10*, 247-249.

Personality change in psychotherapy. *The International Journal of Social Psychiatry*, 1955, *1*, 31-41.

Persons or science? A philosophical question. *Amer. Psychologist*, 1955, *10*, 267-278. Publicado também em *Pastoral Psychology*, 1959, *10*, (Nos. 92, 93).

Com R. H. Segel. *Psychotherapy begins: The case of Mr. Lin*. Filme de 16mm sonoro. State College, Pa.: Psychological Cinema Register, 1955.

Com R. H. Segel. *Psychotherapy in process: The case of Miss Mun*. Filme de 16mm sonoro. State College, Pa.: Psychological Cinema Register, 1955.

1956

Client-centered therapy: A current view. In: F. Fromm-Reichmann e J. L. Moreno (orgs.), *Progress in psychotherapy*. New York: Grune and Stratton, 1956, p. 199-209.

A counseling approach to human problems. *Amer. J. of Nursing*, 1956, *56*, 994-997.

Implications of recent advances in the prediction and control of behavior. *Teachers College Record*, 1956, *57*, 316-322. Publicado também em E. L. Hartley e R. E. Hartley (orgs.), *Outside readings in psychology*. New York: T. Y. Crowell Co., 1957, p. 3-10. Publicado também em R. S. Daniel (org.), *Contemporary readings in general psychology*. Boston: Houghton Mifflin, 1960.

Intellectualized psychotherapy. Review of George Kelly's *The Psychology of personal constructs*, *Contemporary Psychology*, 1956, *1*, 357-358.

Review of Reinhold Niebuhr's *The self and the dramas of history*. *Chicago Theological Seminary Register*, 1956, *46*, 13-14. Publicado também em *Pastoral Psychology*, 1958, *9*, N.º 85, 15-17.

Some issues concerning the control of human behavior. (Simpósio com B. F. Skinner) *Science*, November, 1956, *124*, N.º 3231, 1057-1066. Publicado também em L. Gorlow e W. Katkovsky (orgs.), *Readings in the psychology of adjustment*. New York: McGraw-Hill, 1959, p. 500-522.

What it means to become a person. In: C. E. Moustakas (org.), *The self*. New York: Harper and Bros., 1956, p. 195-211.

Com E. J. Shoben, O. H. Mowrer, G. A. Kimble e J. G. Miller. Behavior theories and a counseling case. *J. Counseling Psychol.*, 1956, *3*, 107-124.

1957

The necessary and sufficient conditions of therapeutic personality change. *J. Consult. Psychol.*, 1957, *21*, 95-103. Tradução francesa em *Hommes et Techniques*, 1959.

A note on the nature of man. *J. Counseling Psychol.*, 1957, *4*, 199-203. Publicado também em *Pastoral Psychology*, 1960, *11*, N.º 104, 23-26.

Personal thoughts on teaching and learning. *Merril-Palmer Quarterly*, Summer, 1957, *3*, 241-243. Publicado também em *Improving College and University Teaching*, 1958, *6*, 4-5.

A therapist's view of the good life. *The Humanist*, 1957, *17*, 291-300.

Training individuals to engage in the therapeutic process. In: C. R. Strother (org.), *Psychology and mental health*. Washington, D. C.: Amer. Psychological Assn., 1957, p. 76-92.

Com R. E. Farson. *Active listening*. University of Chicago, Industrial Relations Center, 1957, 25 p.

1958

The characteristics of a helping relationship. *Personnel and Guidance Journal*, 1958, *37*, 6-16.

A process conception of psychotherapy. *American Psychologist*, 1958, *13*, 142-149.

1959

Client-centered therapy. In: S. Arieti (org.), *American Handbook of Psychiatry*, vol. 3. New York: Basic Books, Inc., 1959, p. 183-200.

Comments on cases in S. Standal e R. Corsini (orgs.), *Critical incidents in psychotherapy*. New York: Prentice-Hall, 1959.

The essence of psychotherapy: A client-centered view. *Annals of Psychotherapy*, 1959, *1*, 51-57.

Lessons I have learned in counseling with individuals. In: W. E. Dugan (org.), *Modern school practices, Series 3, Counseling points of view*. University of Minnesota Press, 1959, p. 14-26.

Significant learning: In therapy and in education. *Educational Leadership*, 1959, *16*, 232-242.

A tentative scale for the measurement of process in psychotherapy. In: E. A. Rubinstein e M. B. Parloff (orgs.), *Research in psychotherapy*. Washington, D. C.: Amer. Psychological Assn., 1959, p. 96-107.

A theory of therapy, personality, and interpersonal relationships, as developed in the client-centered framework. In: S. Koch (org.), *Psychology: A study of a science*, vol. III. *Formulations of the person and the social context*. New York: McGraw-Hill, 1959, p. 184-256.

The way to do is to be. Review of Rollo May e col., *Existence: A new dimension in psychiatry and psychology*. In: *Contemporary Psychology*, 1959, *4*, 196-198.

Com G. Marian Kinget. *Psychotherapie en Menselyke Verhoudingen*. Utrecht: Uitgeverij Het Spectrum, 1959, 302 p.

Com M. Lewis e J. Shlien. Time-limited, client-centered psychotherapy: two cases. In: A. Burton (org.), *Case studies of counseling and psychotherapy*. Prentice-Hall, 1959, p. 309-352.

1960

Dialogue between Martin Buber and Carl Rogers. *Psychologia*, December 1960, *3*(4), 208-221.

Psychotherapy: The counselor, and Psychotherapy: The client. Filme de 16mm sonoro. Distribuído pelo Bureau of Audio-Visual Aids, University of Wisconsin, 1960.

Significant trends in the client-centered orientation. In: D. Brower e L. E. Abt (orgs.), *Progress in clinical psychology*, vol. IV. New York: Grune and Stratton, 1960, p. 85-99.

A therapist's view of personal goals. *Pendle Hill Pamphlet, N.º 108*. Wallingford, Pennsylvania, 1960, 30 p.

Com A. Walker e R. Rablen. Development of a scale to measure process changes in psychotherapy. *J. Clinical Psychol.*, 1960, *16*(1), 79-85.

1961

The loneliness of contemporary man, as seen in "The Case of Ellen West", *Review of Existential Psychology and Psychiatry*, May 1961, *1*(2) 94-101. Publicado também com acréscimos em C. R. Rogers e R. L. Rosenberg, *A Pessoa Como Centro*, São Paulo, Brasil: E.P.U. – Editora Pedagógica e Universitária Ltda. e EDUSP, 1977.

On becoming a person. Boston: Houghton Mifflin, 1961, 420 p.

Apresentação de painel: The client-centered approach to certain questions regarding psychotherapy. *Annals of Psychotherapy*, 1961, *2*, 51-53.

The place of the person in the new world of the behavioral changes. *Personnel and Guidance Journal*, February 1961, *39*(6), 442-451.

The process equation of psychotherapy. *American Journal of Psychotherapy*, January 1961, *15*(1), 27-45.

A theory of psychotherapy with schizophrenics and a proposal for its empirical investigation. In: J. G. Dawson, H. K. Stone e N. P. Dellis (orgs.), *Psychotherapy with schizophrenics*. Baton Rouge: Louisiana State University Press, 1961, p. 3-19.

Two divergent trends. In: R. May (org.), *Existential psychology*. New York: Random House, 1961, p. 85-93.

What we know about psychotherapy. *Pastoral Psychology*, 1961, *12*, 31-38.

1962

Comentário (sobre artigo de F. L. Vance). *J. Counsel. Psychol.*, 1962, *9*, 16-17.

The interpersonal relationship: The core of guidance. *Harvard Educ. Rev.*, Fall 1962, *32*(4), 416-429.

Niebuhr on the nature of man. In: S. Doniger (org.), *The nature of man*. New York: Harper and Brothers, 1962, p. 55-71 (com comentários de B. M. Loomer, W. M. Horton e H. Hofmann).

Some learnings from a study of psychotherapy with schizophrenics. *Pennsylvania Psychiatric Quarterly*, Summer 1962, p. 3-15.

A study of psychotherapeutic change in schizophrenics and normals: Design and instrumentation. *Psychiatric Research Reports*, American Psychiatric Association, April 1962, *15*, 51-60.

The therapeutic relationship: Recent theory and research. Lecture given under sponsorship of the Los Angeles Society of Clinical Psychologists in Beverly Hills, Califórnia, January 19, 1962. Edição própria.

Toward becoming a fully functioning person. In: A. W. Combs (org.), *Perceiving, behaving, becoming, 1962 Yearbook*. Association for Supervision and Curriculum Development. Washington, D. C., 1962, p. 21-33.

Com G. M. Kinget. Psychotherapie et relations humaines: Theorie et pratique de la therapie non-directive. Louvain, Bélgica: Publications Universitaires, 1962, 319 p.

1963

The actualizing tendency in relation to "motives" and to consciousness. In: M. Jones (org.), *Nebraska Symposium on Motivation, 1963*. University of Nebraska Press, 1963, p. 1-24.

The concept of the fully functioning person. *Psychotherapy: Theory, Research, and Practice*, 1963, *1*(1), 17-26.

Learning to be free. In: S. M. Farber e R. H. Wilson (orgs.), *Conflict and creativity: Control of the mind, Part 2*. New York: McGraw-Hill, 1963, p. 268-288.

Learning to be free. (Edição condensada.) *Nat. Educ. Ass. J.*, March 1963.

Psychotherapy today: Or, where do we go from here? *American Journal of Psychotherapy*, 1963, *17*(1), 5-16.

1964

Freedom and commitment. *The Humanist*, 1964, *24*(2), 37-40.

Some elements of effective interpersonal communication. Conferência no California Institute of Technology, November 1964. Inédito.

Toward a modern approach to values: The valuing process in the mature person. *J. Abnorm. Soc. Psychol.*, 1964, *68*(2), 160-167.

Toward a science of the person. In: T. W. Wann (org.), *Behaviorism and phenomenology: Contrasting bases for modern psychology*. University of Chicago Press, 1964, p. 109-140.

1965

An afternoon with Carl Rogers. *Explorations*, 1965, *3*, 104.

Can we meet the need for counseling? A suggested plan. *Marriage and Family*, September 1965, *2*(5), 4-6. Queensland, Austrália: National Marriage Guidance Council of Austrália.

Dealing with psychological tensions. *J. Appl. Behav. Sci.* 1965, *1*, 6-24.

Prefácio. In: H. Anderson, *Creativity in childhood and adolescence*. Palo Alto: Science and Behavior Books, 1965, p. v-vii.

A humanistic conception of man. In: E. Farson (org.), *Science and human affairs*. Palo Alto, Califórnia: Science and Behavior Books, 1965, p. 18-31.

Psychology and teacher training. In: D. B. Gowan e C. Richardson (orgs.), *Five fields and teacher education*. Ithaca, New York: Project One Publications, Cornell University, 1965, p. 56-91.

Some questions and challenges facing a humanistic psychology. *J. Hum. Psychol.*, 1965, *5*, 105.

The therapeutic relationship: Recent theory and research. *Australian Journal of Psychology*, 1965, *17*, 95-108.

(A wife's-eye view of Carl Rogers. *Voices*, 1965, *1*(1), 93-98.) Por Helen E. Rogers.

1966

Client-centered therapy. In: S. Arieti (org.), *Supplement to American handbook of psychiatry*, vol. 3. New York: Basic Books, Inc., 1966, p. 183-200. (Ver também 1959.)

Dialogue between Michael Polanyi and Carl Rogers. San Diego: San Diego State College and Western Behavioral Sciences Institute, July 1966, folheto com 8 páginas.

Dialogue between Paul Tillich and Carl Rogers, Parts I and II. San Diego: San Diego State College, 1966, folheto com 23 páginas.

To facilitate learning. In: M. Provus (org.), *Innovations for time to teach*. Washington, D. C.: National Education Association, 1966, p. 4-19.

1967

Autobiografia. In: E. W. Boring e G. Lindzey, *A history of psychology in autobiography*, vol. V. New York: Appleton-Century-Crofts, 1967.

Carl Rogers speaks out on groups and the lack of a human science. An interview. *Psychology Today*. December 1967, *1*, 19-21, 62-66.

Client-centered therapy. In: A. M. Freedman e H. I. Kaplan (orgs.), *Comprehensive textbook of psychiatry*. Baltimore: Williams and Wilkins, 1967, p. 1225-1228.

The facilitation of significant learning. In: L. Siegel (org.), *Contemporary theories of instruction*. São Francisco: Chandler Publishing Co., 1967, p. 37-54.

The interpersonal relationship in the facilitation of learning. In: R. Leeper (org.), *Humanizing education*. National Education Association, Association for Supervision and Curriculum Development, 1967.

A plan for self-directed change in an educational system. *Educ. Leadership*, May 1967, *24*, 717-731.

The process of the basic encounter group. In: J. F. T. Brugental (org.) *The challenges of humanistic psychology.* New York: McGraw-Hill, 1967, p. 261-278.

Com E. T. Gendlin, D. J. Kiesler e C. Truax. *The therapeutic relationship and its impact: A study of psychotherapy with schizophrenics.* University of Wisconsin Press, 1967, 625 p.

Com B. Stevens e col. *Person to person.* Moab, Utah: Real People Press, 1967.

1968

The interpersonal relationship in the facilitation of learning. *The Virgil E. Herrick Memorial Lecture Series.* Columbus. Ohio: Charles E. Merrill Publishing Co., 1968.

Interpersonal relationships: USA 2000. *J. Appl. Behav. Sci.*, 1968, 4(3), 265-280.

A practical plan for educational revolution. In: R. R. Goulet (org.), *Educational change: The reality and the promise.* (A report on the National Seminars on Innovation, Honolulu, July 1967.) New York: Citation Press, 1968, p. 120-135.

Review of J. Kavanaugh's book, *A modern priest looks at his outdated church. Psychology Today*, 1968, p. 13.

To the Japanese reader. Introduction to a series of 18 volumes of Rogers' work translated into Japanese. Tokyo: Iwasaki Shoten Press, 1968.

Com W. R. Coulson (orgs.), *Man and the science of man.* Columbus, Ohio: Charles E. Merrill Publishing Co., 1968, 207 p.

1969

Being in relationship. In: *Freedom to learn: A view of what education might become.* Columbus, Ohio: Charles E. Merrill Publishing Co., 1969.

Community: The group. *Psychology Today.* Del Mar, California: CRM Books, Inc., December 1969, 3.

Psychology Today. Del Mar, Califórnia: CRM Books, Inc., December 1969, 3.

Freedom to learn: A view of what education might become. Columbus, Ohio: Charles E. Merrill Publishing Co., 1969, 358 p. Disponível em capa dura e brochura.

Graduate education in psychology: A passionate statement. In: *Freedom to learn: A view of what education might become.*

The increasing involvement of the psychologist in social problems: Some comments, positive and negative. *J. Appl. Behav. Sci.*, 1969, 5, 3-7.

The intensive group experience. In: *Psychology today: An introduction.* Del Mar, Califórnia: CRM Books, Inc., 1969, p. 539-555.

The person of tomorrow. Sonoma State College Pamphlet, 1969.

Self-directed change for educators: Experiments and implications. In: E. Morphet e D. L. Jesser (orgs.), *Preparing educators to meet emerging needs.* Trabalho preparado para Governors' Conference on Education for the Future, an eight-state project.) New York: Citation Press, Scholastic Magazine, Inc., 50 West 44th Street, 1969.

1970

Carl Rogers on encounter groups. New York: Harper and Row, 1970, 168 p. Disponível em capa dura e brochura.

Prefácio e capítulos 9, 16, 22, 25, 26, 27. In: J. T. Hart e T. M. Tomlinson (orgs.),

New directions in client-centered therapy. Boston: Houghton Mifflin, 1970. (Todos já foram publicados, com exceção do Prefácio e do cap. 27, "Looking back and ahead: A conversation with Carl Rogers", conduzida por J. T. Hart.)

1971

Can schools grow persons? Editorial. *Educational Leadership.* December 1971.

Forget you are a teacher. Carl Rogers tells why. *Instructor* (Dansville, New York), August/September 1971, p. 65-66.

Interview with Dr. Carl Rogers. In: W. B. Frick (org.), *Humanistic psychology: Interviews with Maslow, Murphy and Rogers.* Columbus, Ohio: Charles E. Merrill Publishing Co., 1971.

Psychological maladjustments vs. continuing growth. In: *Developmental Psychology.* Del Mar, Califórnia: CRM Books, Inc., 1971.

Some elements of effective interpersonal communication. *Washington State Journal of Nursing,* May/June 1971, p. 3-11.

1972

Becoming partners: Marriage and its alternatives. New York: Delacorte, 1972, 243p.

Bringing together ideas and feelings in learning. *Learning Today,* Spring 1972, *5,* 32-43.

Comment on Brown and Tedeschi article. *J. Hum. Psychol.*, Spring 1972, *12*(1), 16-21.

Introduction to *My experience in encounter group,* por H. Tsuge, Dean of Women at Japan Women's University, Tokyo, Japan. *Voices,* Summer 1972, *8*(2), Issue 28.

The person of tomorrow. *Colorado Journal of Educational Research,* Fall 1972, *12*(1). Greeley, Colorado: University of Northern Colorado.

A research program in client-centered therapy.*In: S. R. Brown e D. J. Brenner (orgs.), *Science, psychology, and communication: Essays honoring William Stephenson.* New York: Teachers College Press, Teachers College, Columbia University, 1972, p. 312-324.

*Este trabalho — exclusivo da nova Introdução (1971) — foi publicado originalmente em *Psychiatric treatment, Vol. 31, Proceedings of the Association for Research in Nervous and Mental Disease.* Baltimore: Williams and Wilkins, 1953, p. 106-113.

Some social issues which concern me. *J. Hum. Psychol.* Fall 1972, *12*(2), 45-60.

(Wood, J. T. Carl Rogers, gardener. *Human Behavior.* November/December 1972, *1,* 16 ss.)

1973

Comment on Pitts article. *J. Hum. Psychol.* Winter 1973, *13,* 83-84.

An encounter with Carl Rogers. In: C. W. Kemper (org.), *Res Publica,* Claremont Men's College, Spring 1973, *1*(1), 41-51.

The good life as an ever-changing process. Ninth of newpaper series, *America and the Future of Man*, Publicado por Regents of the University of California, e distribuído por Copley News Service.

The interpersonal relationship that helps schizophrenics. Contribuição ao painel "Psychotherapy is Effective with Schizophrenics." APA Convention, Montreal, August 28, 1973.

My philosophy of interpersonal relationships and how it grew. *J. Hum. Psychol.* Spring 1973, *13*(2), 3-15.

Some new challenges. *American Psychologist*, May 1973, *28*(5), 379-387.

To be fully alive. *Penney's Forum*, Spring/Summer 1973, p. 3.

Com B. Meador. Client-centered therapy. In: R. Corsini (org.), *Current psychotherapies*. Itasca, Illinois: F. E. Peacock, 1973, p. 119-166.

(Mousseau, J. Entretien avec Carl Rogers. *Psychologie*, January 1973, *6*, 57-65.)

1974

Can learning encompass both ideas and feelings? *Education*, Winter 1974, *95*(2), 103-114.

The cavern. (inédito)

Prefácio. In: H. Lyon, *It's me and I'm here*. New York: Delacorte Press, 1974, p. xi-xiii.

Prefácio. In: A. dePeretti, *Pensée et Verité de Carl Rogers*. Toulouse: Privat, 1974, p. 20-27.

Prefácio. In: Tradução japonesa de *Person to Person*. Tokyo, 1974.

In retrospect: Forty-six years. *American Psychologist*, February 1974, *29*(2), 115-123.

Interview on "growth". In: W. Oltmans (org.), *On growth: The crisis of exploring population and resource depletion*. New York: G. P. Putnam's Sons, 1974, p. 197-205.

The project at Immaculate Heart: An experiment in self-directed change. *Education*, Winter 1974, *95*(2), 172-196.

Questions I would ask myself if I were a teacher. *Education*, Winter 1974, *95*(2), 134-139.

Remarks on the future of client-centered therapy. In: D. A. Wexler e L. N. Rice (orgs.), *Innovations in client-centered therapy*. New York: John Wiley and Sons, 1974, p. 7-13.

Com J. K. Wood. The changing theory of client-centered therapy. In: A. Burton (org.), *Operational theories of personality*. New York: Brunner/Mazel, Inc., 1974, p. 211-258.

1975

Client-centered psychotherapy. In: M. Freedman, H. I. Kaplan e B. J. Sadock (orgs.), *Comprehensive textbook of psychiatry, vol. 11*. Baltimore: Williams and Wilkins, 1975, p. 1831-1843.

The emerging person: A new revolution. In: R. I. Evans (org.), *Carl Rogers: The man and his ideas*. New York: E. P. Dutton, 1975, p. 147-176.

Empathic: An unappreciated way of being. *The Counseling Psychologist*, 1975, 5(2), 2-10.

Prefácio. In: To Thi Anh, *Eastern and Western cultural values*. Manila, The Philippines: East Asian Pastoral Institute, 1975.

Entrevista. In: R. I. Evans (org.), *Carl Rogers: The man and his ideas*. New York: E. P. Dutton, 1975.

An interview with Dr. Carl R. Rogers. *Practical Psychology for Physicians*. August 1975, 2(8), 16-24.

A person-centered approach to intergroup tensions. Trabalho na Association of Humanistic Psychology Conference, Cuernavaca, México, December 19, 1975. (inédito)

Com J. K. Wood, A. Nelson, N. R. Fuchs e B. Meador. An experiment in self-determined fees. (inédito)

1976

Beyond the watershed in education. *Teaching-Learning Journal*, Winter/Spring 1976, p. 43-49.

1977

Beyond the watershed: And where now? *Educational Leadership*, May 1977, 3(8), 623-631.

Carl Rogers on personal power. New York: Delacorte Press, 1977, 299 p.

Ellen West – And loneliness. In: C. R. Rogers e R. L. Rosenberg, *A Pessoa Como Centro*, São Paulo, Brasil: E.P.U. – Editora Pedagógica e Universitária Ltda. e EDUSP, 1977. (Escrito em 1974)

Freedom to be: A person-centered approach. *Studies of the Person* (Japanese), 1977, 3, 5-18. Japan Women's University, Department of Education, Tokyo.

Growing old – Or older and growing. (inédito)

Nancy mourns. In: D. Nevill (org.), *Humanistic psychology: New frontiers*. New York: Gardner Press, 1977, p. 111-116.

Personal power at work. *Psychology Today*, April 1977, 10(11), 60 ss. (Condensação do cap. 8 de *Carl Rogers on personal power*.)

The politics of education. *J. Hum. Educ.* January/February 1977, 1(1), 6-22.

Therapeut and Klient. Munich, West Germany: Kindler-München, 1977. (Vários trabalhos traduzidos do inglês.)

Tribute to Professor Haruko Tsuge. *Studies of the Person* (Japanese), 1977, 3, 35-38. Japan Women's University, Department of Education, Tokyo.

Com T. L. Holdstock. Person-centered personality theory. In: R. Corsini (org.), *Current personality theories*. Itasca. Illinois: F. R. Peacock, 1977, p. 125-151.

Com R. L. Rosenberg. *A Pessoa Como Centro*. São Paulo, Brasil: E.P.U. – Editora Pedagógica e Universitária Ltda. e EDUSP, 1977, 228 p. (Introdução e caps. 2 e 5 por Rosenberg. O restante é tradução de trabalhos de Rogers.)

(Holden, C. Carl Rogers: Giving people permission to be themselves. *Science*, October 1977, 198(4312), 32-33.)

1978

Carl R. Rogers' Papers. In: *The Quarterly Journal of the Library of Congress*. October 1978, *35*, 258-259. (Descreve os trabalhos, fitas e filmes pessoais que Rogers doou à Library of Congress.)

Do we need "a" reality? *Dawnpoint*, Winter 1978, *1*(2), 6-9. (Escrito em 1974.)

Education – A personal activity. (inédito)

The formative tendency. *J. Hum. Psychol.*, Winter 1978, *18*, 23-26.

From heart to heart: Some elements of effective interpersonal communication. *Marriage Encounter*. February 1978, 7(2), 8-15. (Palestra no California Institute of Technology, November 9, 1964. Versão revista do cap. 11 em *Freedom to Learn*.)

Meeting my needs as a facilitator. (inédito)

My political stance. (inédito)

The necessary and sufficient conditions of therapeutic personality change (1957). Abstract and commentary. *Current Contents*, 1978, *18*(27), 14. (N.º 27 of "Citation Classics.")

Some directions in AHP. (inédito)

Some new directions: A personal view. (inédito)

Com M. V. Bowen, J. Justyn, J. Kass, M. Miller, N. Rogers e J. K. Wood. Evolving aspects of the person-centered workshop. *Self and Society* (Inglaterra), February 1978, *6*(2), 43-49.

1979

Foundations of the person-centered approach. *Education*, Winter 1979, *100*(2), 98-107.

Groups in two cultures. *Personnel and Guidance Journal*, September 1979, *38*(1), 11-15.

The security guard: A vignette. (inédito)

Some new directions: A personal view. In: T. Hanna (org.), *Explorers of humankind*. São Francisco: Harper and Row, 1979.

Com M. V. Bowen, J. Justyn, J. Kass, M. Miller, N. Rogers e J. K. Wood. Evolving aspects of person-centered workshops. *AHP Newsletter*, January 1979, 11-14.

Com M. V. Bowen, M. Miller e J. K. Wood. Learnings in large groups: The implications for the future. *Education*, Winter 1979, *100*(2), 108-116. (Escrito em 1977.)

(H. Kirschenbaum. *On becoming Carl Rogers*. New York: Delacorte Press, 1979, 444 p. Esta biografia inclui excertos de escritos de Rogers da data de sua adolescência até a idade de 76 anos.)

1980

Building person-centered communities: The implications for the future. In: A. Villoldo e K. Dychtwald (orgs.), *Revisioning human potential: Glimpses into the 21st century*. (No prelo.)

Agradecimentos

Capítulo 1, "Experiências em Comunicação", copyright 1969 by Charles E. Merrill Publishing Co. Publicado em Carl Rogers, *Freedom to Learn: A View of What Education Might Become*, Columbus, Ohio: Charles E. Merrill Publishing Co., 1969; e em *Marriage Encounter*, fevereiro de 1978, 7, (2): 8-15, com o título "From Heart to Heart: Some Elements of Effective Communication".

Capítulo 3, "Os Fundamentos de uma Abordagem Centrada na Pessoa", copyright 1979 by Project Innovation. Publicado em *Education*, Inverno de 1979, *100*, (2): 98-107, sob o título "A Broader View: The Formative Tendency", copyright 1978, by Association for Humanistic Psychology; extraído de Carl Rogers, "The Formative Tendency", *Journal of Humanistic Psychology*, Inverno 1978, *18*: 23-26.

Capítulo 4, "A Formação de Comunidades Centradas na Pessoa: Implicações para o Futuro", será também publicado em A. Villoldo e K. Dychtwald (orgs.), *Millenium: Glimpses into the 21st Century*, March 1981, J. P. Tarcher, Los Angeles.

Capítulo 5, "Seis Vinhetas: 'Comecei a Me Perder' ",copyright 1975 by Williams and Wilkins; publicado como parte de um capítulo intitulado "Client-Centered Psychotherapy", em A. M. Freedman, H. I. Kaplan e B. I. Sadock (orgs.), *Comprehensive Textbook of Psychiatry*, 2ª ed., p. 1839-1843; reproduzido com permissão; outras reproduções proibidas. 'O Lamento de Nancy', copyright 1977 by Gardner Press, N. York; publicado em D. Nevill (org.), *Humanistic Psychology: New Frontiers, p. 111-116, 226-228*, "What I Really Am Is Unlovable", extraído de *Carl Rogers on Encounter Groups* (p. 111-113), de Carl Rogers, Ph. D., copyright 1970 by Carl R. Rogers. Reproduzido com a permissão de Harper and Row Publishers, Inc. Barbara Williams, autora da carta sobre 'Um *Workshop* de Crianças' é terapeuta no Centennial Center for Psychological Services, 1501 Lemay 3, Ft. Collins, Colorado, 80512.

Capítulo 6, "Ultrapassado o Divisor de Águas, para Onde Vamos? ", copyright 1977, by the Assocation for Supervision and Curriculum Development. Reproduzido com a permissão da Association for Supervision and Curriculum Development e de Carl Rogers. Todos os direitos reservados. Resumo publicado na *Educational Leadership*, May 1977, vol. 34, n.º 8, p. 623-631.

Capítulo 7, "A Aprendizagem em Grandes Grupos: Implicações para o Futuro", copyright 1979 by Project Innovation. Publicado em *Education*, Inverno de 1979, *100*(2): 108-116.

Capítulo 8, "O Mundo do Futuro e a Pessoa do Futuro". Citação de Edward Comish extraída de "An Agenda for the 1980s", *The Futurist*, February 1980, *14*: 7. *The Futurist* é publicada pela World Future Society, 4916 St. Elmo Avenue, Washington, D. C. 20014.

Índice remissivo

"Abertura"/clima aberto 15, 16, 80-81, 130
abordagem
— centrada na pessoa
— — características/fundamentos da 37-40, 53-54, 96-97
— — na comunidade brasileira 109
— — em *workshops*/"comunidades" 19, 20-21, 24, 31-33, 52-68
— — evidências que fundamentam a 40
— — fenômeno transcendental na 47-49, *ver também* experiências místicas
— — fundamentos da 37-51, 54
— — implicações da, para o futuro 65-68, 107-120, *ver também* educação
— — nas comunidades, *ver workshops*/ "comunidades"
— — na educação, *ver* educação
— — nos *workshops* brasileiros 109-115
— — na "política" 19, 22, 91, 92, 97-100, 106
— — *ver também* centro de estudos das pessoas; abordagem humanística
— humanística 50, 65-66, 68, 115, 134
— — e humanização dos professores de medicina 18-19, 92
— — na educação 91, 92, 96, 100, 101
— — *ver também* abordagem centrada na pessoa
— psicoanalítica 65
"A Caverna" (vinheta) 69, 74-77
aceitação, *ver* interesse/dedicação; escutar; abordagem centrada na pessoa; relacionamento(s); confiança
— "positiva incondicional", *ver* interesse/ dedicação
"aconselhamento não diretivo" 38, *ver também* abordagem centrada na pessoa

A Conspiração de Aquário 126
Adler, A. 37
"A escola bobolha" 85-86
alienação
— condições sociais e 116, 117
— empatia *versus*, *ver* empatia
— solidão e 64, *ver também* isolamento
aluno(s)
— como "discípulos" 11
— confiança/desconfiança do 94, 98-99, 100
— e ensino centrado no 38, *ver também* abordagem centrada na pessoa
— responsabilidade do (na aprendizagem centrada na pessoa) 96, 97, 98, 99, 100
— *status* do 93-94, 95
— *ver também* educação; "um *workshop* de crianças"; juventude
amor, *ver* interesse/dedicação
Angyal, A. 41
Ansbacker, H. 37
aprendizagem
— centrada na pessoa 96-104
— crescimento e 23-27
— experiência afetiva-cognitiva 95, 103
— facilitador da
— — características positivas do 101-103
— — funções do 96
— — *ver também* professor(es); psicoterapia
— processo contínuo de 96-97
— *ver também* educação
— vivencial 92, 103
Arcozelo, Brasil, *ver workshops* no Brasil (ciclos)
Ashland, Oregon: *workshop* 24, *ver também workshops* internacionais

Aspy, D. 91, 101-105
A Tendência Normativa (Rogers) 37
atitude(s)
– das "pessoas do futuro" 130-132
– do terapeuta/professor, *ver* relacionamento(s)
– em relação à natureza 131, 134
– orientais, *ver* pensamentos orientais
aula expositiva (como meio de instrução) 95, *ver também* educação
autenticidade/congruência
– como base para a comunicação 9-12, 14, 15, 16
– crianças e 85, 86
– e crescimento 38-39, 40
– e percepção da realidade 127, *ver também* experiências místicas
– no relacionamento professor/aluno 101, 103
autonomia
– comunidade e 53, 54
– desenvolvimento da 11, 53-54
– em educação 92
– *ver também* o "eu"

Bandeira, E. 20
Begin, M. 65
Belfast, Irlanda 65, 67-68, *ver também* grupo de encontro
Bergman, P. 23
Bergson, H. 49
biofeedback 25, 126, 130, 133
Bown, M. 52, 55, 107, 109
Brasil: *workshop* 17, 19-22, 24, 55, 107-115, 118, 119, *ver também workshops* internacionais
Brown, B. 126-127
Buber, M. 12
budismo 48
Bush, G. 124

Camp David, acordo de 65
Capra, F. 37, 48
Carl Rogers on Personal Power (Rogers) 19, 22, 85
casamento
– como relacionamento compartilhado 26, 27
– tensões no/e sobrevivência 25, 27
Centro de Aconselhamento da Universidade de Chicago 29
Centro de Estudos Avançados em Ciências do Comportamento 11
Centro de Estudos da Pessoa 19, 65, 81, 107

– descoberta do 19
China
– língua chinesa 123
– vida em comunidade 53, 54, 118
Churchill, W. 28
ciência
– e "mudança de paradigma" 128-129, 134
– e o místico 25-26, 48-50, 126-127, 130, *ver também* experiências místicas
– humana/psicológica 134
– *ver também* teoria de causa-efeito; tecnologia
Clark, F. 106
"código genético" 42
coerência 9, *ver também* realidade/coerência
"Comecei a Me Perder" (vinheta) 69, 70-74
cometa Halley 124
comunicação interpessoal 3-16, 131
– abertura para a 130
– alienação 64
– anulação da, na cultura ocidental 63-64
– crianças e 85, 86
– escrever 23
– falta de e isolamento/solidão 64
– no relacionamento cliente/terapeuta 38-39
– "ouvir" 4-9, *ver também* escutar
– telepática, *ver* experiências místicas
– *ver também* empatia; expressão de sentimentos; relacionamento(s)
comunidade(s)
– alienação da, *ver* alienação
– Amish 54
– formação da 53, 54, 118
– indígenas americanos 54
– sentido de, *versus* competição 67, 119
– *ver também* grupos de encontro; *workshops*
comportamento
– ciências do 3
– *ver* mudança de personalidade e de comportamento
confiança
– como base da abordagem centrada na pessoa 40, 81, 96, 98
– comunidade do *workshop* 58, 81, 113
– da equipe 58, 113
– em si 72, 131
– dos alunos 94, 98-99, 100
– e desconfiança da autoridade 131
– e desconfiança da ciência e da tecnologia 130

– e desconfiança dos alunos 94
– educação e 67
confronto, *ver* expressão de sentimentos
conhecimento vivenciado 3
consciência
– autoconsciência 46, *ver também* o "eu"
– conhecendo a de outros, *ver* empatia
– cósmica 29
– estados alterados de 47, *ver* experiências místicas
– função da 46-47
– "unidade" de, no grupo 58
consideração, *ver* interesse/dedicação
Consórcio Nacional de Educação Humanizada 101
Copernicus, N. 129
Cornell, R. 19
Cornish, E. 124
Coulson, W. R. 18
crescer envelhecendo ou envelhecer crescendo 17-33
crescimento
– clima educacional para o 97
– comunicação e 4, 16
– condições necessárias para o 38-40, 50, 80
– estima/amor e 13-14
– "individualidade" (autonomia) e 11-12
– realidade e 38-39, 40
crianças: e realidade/coerência 85, 86, *ver também* "um *workshop* de crianças"; aluno(s); juventude
criatividade, *ver* interesse/dedicação
cultura ocidental 106
– ausência de comunicação na 63
– autodeterminação e auto-suficiência na 54, 63, 64
– paradigma do poder na 65
– tendências da 22, 107, 116-118
– valores da 116, 117
– *versus* oriental/pensamento primitivo 105
– *ver também* oriental/pensamento ocidental

Desenvolvimento autônomo 11
divisão
– de experiência 9, 10, 26, 111
– de responsabilidade pelo grupo 58, 96
– *ver também* relacionamento(s)
documentário, "Ô Gente" 108
Don, N. S. 49
Do Ser para o Tornar-se (Prigogine) 49
Driesch, H. 41, 42

Educação
– abordagem centrada na pessoa/humanística 127
– abordagem não convencional da 22
– e dicotomia intelecto-sentimentos 94, 95, 132-133
– e empatia na sala de aula 101, 103
– e QI 102
– futuro, possibilidades e implicações para o 66-67, 91-92, 100-106, 107, 116-119
– médica, humanização da 19, 92
– pesquisas e estudos sobre a 40, 91, 101-104
– política na 94-96, 97-100, 106
– professor 102, 104
– sistema de exames 93
– tradicional 93-96
– *ver também* aprendizagem; aluno(s); professor(es)
Einstein, A. 129
Ellis, A. 75
emoção, *ver* expressão de sentimentos
empatia 14, 39
– criança e 86
– definição de 101
– na sala de aula 101, 103
– *ver também* interesse/dedicação; escutar; divisão
"Em Retrospecto: Quarenta e Seis Anos" 23
entropia 44-45, 48
envelhecer crescendo e crescer envelhecendo 17-33
equipe, *ver* confiança; *workshops*
escolha de valores
– educação e 67
– na cultura ocidental 116, 117
– no *workshop* 61-62, 118-119
escutar 14
– e o grupo 81, 111, 113, 114
– e "ouvir" 4-9, 16, 56, 60, 111, 112
– sem julgar 56
– *ver também* comunicação interpessoal; empatia
"espaço interno", *ver* experiências místicas
Espanha: *workshop* 55, 60, 66, *ver também workshops* internacionais
espiritualidade, *ver* experiências místicas
esquizofrênicos, estudos dos 40
Estar Junto" (vinheta) 69, 81-83
estudo autônomo 92
"eu", o
– conceito/compreensão 38, 40, 50, 98
– confiança/falta de confiança no 72, 131

- consciência/percepção do 46-47, *ver também* consciência
- estima 40, 67, 73
- na cultura ocidental 54, 63, 64
- *ver também* autonomia; cultura ocidental

evolução 45, 50, 127
- e consciência do fluxo evolutivo 46-47
- *ver também* mudança; processo direcional na vida

"Experiências em Comunicação" 3-16, *ver também* comunicação interpessoal

experiências místicas 25-26, 29, 30-31, 46-49, 105, 106, 126
- estados alterados da consciência 42-44, 47-48, 67, 126, 128, 131, 134
- e transcendência/espiritualidade no processo de formação de comunidades 47-48, 57, 62-63, 67-68
- indução por drogas 106, 126
- misticismo oriental 48, 127
- privação sensorial e 43, 105
- sonhos 105-106
- telepatia 57, 62, 105, 126
- *ver também* pensamento oriental; meditação

expressão de sentimentos 49
- *versus* esforço intelectual 94, 95, 132-133

Fenômeno físico, *ver* experiências místicas
fenômeno transcendental, *ver* experiências místicas
Ferguson, M. 48, 49, 127
- *A Conspiração de Aquário* 126
filosofia democrática 54
- desprezo pela 94-95, 132
- na educação 94-95, 100
filosofia dos relacionamentos pessoais, *ver* relacionamento(s)
física teórica 48-49, 133
- e misticismo 127, *ver também* experiências místicas
"focalizar" 113, 127, *ver também* mudança de personalidade e de comportamento
força holística 37, 67, 126, *ver também* "inteireza"
"força vital" 47, 63, *ver também* experiências místicas
Freud, S. 43

Ganghi, M. 131

Garbo, G. 63
Gendlin, E. T. 49, 80
Goldstein, K. 41
Grof, J. H. 47
Grof, S. 47, 106
grupo(s)
- de conscientização 114, 127
- de encontro 6, 7, 12-16, 52
- – Belfast, Irlanda 65, 67-68
- – e ineficácia da experiência de 42
- – professores de medicina 19
- – publicações sobre 22
- – *ver também workshops*; workshops internacionais
- liderança centrada no 38, *ver também* abordagem centrada na pessoa
- unidade em, *ver* grupo(s) de encontro
- *ver também* comunidade; *workshops*
guerra do Vietnã 117, 133
guerra nuclear 117, 124-125

Harman, W. W. 116, 117
Holmes, O. W. 18
Hopkins, G. M. 77

Idade das Trevas 116, 117
identidade, senso de, *ver também* o "eu"
Immaculate Heart College e Escola Secundária (Montecito, Califórnia) 81, 82
"Implicações para a Educação do Futuro" (Rogers) 107
"impulso participatório" 117
'individualidade"
- e crescimento 11-12
- unidade a partir da 47-48, 58-60, 62-63
- *versus* intimidade 64
- *ver também* o "eu"; "unicidade"
Inglaterra: *workshop* 55, *ver também workshops* internacionais
Instituto de Pesquisas de Stanford 22, 116
Instituto de Tecnologia da Califórnia 3
"inteireza" 9
- desejo de 130-131
- e dicotomia intelecto-sentimentos 94, 95, 132
- *ver também* força holística; "unicidade"
interesse/dedicação 12-14, 16, 27
- aceitação positiva 101, 102, 103
- – incondicional 39, 85
- criatividade 102
- e consideração do seu "eu" 39, 67, 73
- e solidão 81-82

153

– na relação cliente/terapeuta 39
– sem avaliação 27, 131
– *ver também* relacionamento(s)
intimidade, *ver* relacionamento(s)
Irlanda, *ver* Belfast, Irlanda, grupo de encontro
isolamento (na sociedade moderna) 64
– "rejeição" e 81-82
Itália: *workshop* 31, *ver também workshops* internacionais

Japão: *workshop* 55, *ver também workshops* internacionais
Justyn, J. 52
juventude
– afinidade do autor com a 21
– como pessoas do futuro 129-130
– *ver também* aluno(s)

Kass, J. 52
King, M. L. 131
Koestler, A. 29
Kübler-Ross, E. 29

La Jolla, Califórnia 17, *ver também* Centro de Estudo da Pessoa
Leskarzev: *workshop*, *ver* Polônia
Liberdade para Aprender (Rogers) 19, 22, 83
Lilly, J. 43, 47
Long Island: *workshop* 32, *ver também workshops* internacionais
Los Angeles Times 94, 124

Maslow, A. 23, 41
McGaw, W. H. 65
medicina, *ver* educação
meditação 25, 48, 49, 126, *ver também* experiências místicas
"mente metafórica" 25, *ver também* experiências místicas
México: *workshop* 55, *ver também workshops* internacionais
Michael, J. 95
Miller, M. 52, 107, 114
"Minha filosofia das relações interpessoais e como ela se desenvolveu" (artigo) 23
Mitchell, A. 22
Mody, R. 29
morte
– e vida após a/reincarnação 29, 30-31
– como realidade 127
– reflexões sobre a 28-29, 30-31

– *ver também* experiências místicas
mudança
– como ameaça 133
– como desafio 131, 134
– de "paradigma" 116, 129, 131, 134
– de personalidade e de comportamento 113
– – fatores na 14, 80, 127-128
– – pesquisa sobre 40
– – *workshops* de crianças 86
mulher(es) 130
– brasileira e seu interesse com os problemas humanos 108, 115
– grupo de conscientização formado por 114, 127
Murayama, M. 37, 42, 43
– "Minha filosofia das relações interpessoais e como ela se desenvolveu" 23

Nelson, A. 19

"Ō Gente" (filme documentário) 108
"O Guarda de Segurança" (vinheta) 70, 83-85
"O Lamento de Nancy" (vinheta) 69, 77-81
"ouvir", *ver* escutar

Paris: *workshop* 31, *ver também workshops* internacionais
Parlamento Europeu (Mercado Comum das Nações) 66
Pawling, New York: *workshop* 31, *ver também workshops* internacionais
pensamento oriental 14, 48, 127, *ver também* experiências místicas
Pentony, P. 42
"pessoas do futuro" 21-22, 129-131
– oposição às 132-134
poder 67
– em comunidades centradas na pessoa 56, 60, 65, 66, 97-98
– política do 91, 93, 99-101, 106
"política"
– em abordagem centrada na pessoa 19, 22
– – do poder 91, 93, 99-101, 106
– – na educação 94-96, 99-101, 106
– governamental dos Estados Unidos 124-125, 132
Polônia: *workshop* centrado na pessoa, em Leskarzev 31, 32-33, *ver também workshops* internacionais
"Precisamos de uma Realidade?" 22

Prêmio Nobel 129
Pribam, K. 127
Prigogine, I. 37, 48, 129
- *Do Ser para o Tornar-se* 49
Princeton: *workshop* 31-32, 33, *ver também workshops* internacionais
princípio Wu-Wei, *ver* Taoísmo
privação sensorial, *ver* experiências místicas
problemas sociais, *ver* alienação
processo direcional na vida 40-44, 50, *ver também* evolução
professor(es) 54
- atitudes do 102-103
- conhecimento da empatia pelo 101
- desconfiança do, pelos alunos 94
- e dicotomia intelecto-sentimentos 95
- educação/treinamento de 102-104
- poder político do 91, 93-94, 95
- valores do 67
- *ver também* educação; facilitador da aprendizagem
propriedades curativas
- como um fenômeno transcendental 47
- *ver também* experiências místicas
psicoterapia 26, 38
- e autoconsciência 46, *ver também* o "eu"
- e estudos de esquizofrênicos 40, *ver também* esquizofrênicos
- e mudança de comportamento, *ver* mudança de personalidade e de comportamento
- ineficiência da 42
- pesquisa em 104
- *ver também* relacionamento(s)
- "vivência" em 49, *ver também* "vivência"
publicações 22-24
- bibliografia cronológica 135-148
- dificuldade para escrever 9-10
- *ver também* Rogers, C.

QI: aumento no 102, *ver também* educação
Química: estrutura da experiência transcedental 48-49

"Reflexão", *ver* escutar
reincarnação 29, *ver* morte
"relação eu-tu" 12, *ver também* relacionamento(s)
relacionamento(s)
- atitudes do terapeuta/professor no 39-40, 50, 102-103

- causa-efeito 127, *ver também* teoria de causa-efeito
- "eu-tu" 12
- intimidade no 26-27, 63-64, 131
- "se-então", pesquisa no 104-105, 106
- *ver também* interesse/dedicação; comunicação interpessoal; empatia; "política"; divisão
relações árabe-israelenses 66
- acordo de Camp David 65
Rice, C. P. 65
riscos, assumir 25, 29, 131
- em novos empreendimentos 18-19
- experiências compartilhadas 8-9, 10
- renúncia de controle 100
Roebuck, F. M. 40, 91, 101, 103
Rogers, C. 114, 115
- em *workshops* brasileiros 108-110
- lista de publicações 135-148
- publicações citadas 18, 19, 22-23, 38, 39, 41, 52, 55, 65, 70, 74, 81, 83, 85, 107
- *ver também* publicações
Rogers, H. (Sra. Carl) 24, 27, 30-31
Rogers, N. 19, 52, 77-79

Sadat, A. al- 65
Salk, J. 45
San Diego, Califórnia 17
Scheer, R.124
"Seis vinhetas" 68-86
sentimentos, *ver* expressão de sentimentos
"sintropia" 45
Slater, P. 63
Smuts, J. C. 37
solidão, *ver* isolamento; "individualidade"
sonhos, *ver* experiências místicas
Stavrianos, L. S. 116
Strode, O. 19
Szent-Gyoergyi, A. 44
- citado 41, 45

Taoísmo 48
Tausch, R. 40
técnicas de relaxamento 49, *ver também* experiências místicas
tecnologia
- avanços na 124, 125-126, 134
- uso da/"escravidão" 130
- social e psicológica 133
- *ver também* ciência
Teilhard de Chardin, P. 131
tendência à auto-realização 38, 40-42, 43, 50, 72

tendência construtiva 41, 42, *ver também* tendência à auto-realização
tendência formativa 38, 44-47, 50-51
"tendência mórfica" 45
teoria de causa-efeito 42, 46, 127
terapeuta, *ver* facilitador de aprendizagem; psicoterapia; professor(es)
terapia centrada no cliente, *ver* abordagem centrada na pessoa
terapia racional-emotiva 75
The Man Who Killed the Deer (Waters) 105
Thompson, W. I. 116, 117
tomada de decisão, processo de
– e política 93, 118
– na educação 67, 98, 100
– por grupo 62, 111, 112, 119
tom de voz 5-6, *ver também* escutar
Tornar-se Pessoa (Rogers) 70, 74
Tornar-se um Casal (Rogers) 22
Toynbee, A. 23
"Transição da Vida" *workshop* (Pawling, New York) 92, *ver também workshops* internacionais
tribo Masai (África) 105

"Uma Maneira Negligenciada de Ser: A Maneira Empática" 23
"Um *Workshop* de Crianças" (vinheta) 70, 85-87
União Soviética 124, 125
"unicidade" 47-48, 58, 62-63, 67, *ver também* experiências místicas; "individualidade"
unidade, *ver* "unicidade"; inteireza
Universidade da Califórnia 94
Universidade de Chicago 98
– centro de aconselhamento 29
Universidade de Leiden 28
Universidade de Stanford 127
– centro de estudos avançados em ciências do comportamento 11
Universidade de Vermont 37

Vasconcellos, J. 94-95
Venezuela: *workshop* 31, *ver também workshops* internacionais
vida após a morte, *ver* morte
"vivência"

– conceito de 49, 80
– e aprendizado 97, 111
– e valores 61-62, 118
– falta de confiança na 72
– *ver também* empatia
"Vivendo Agora: Um *Workshop* sobre os Estágios da Vida" (programa de La Jolla, 1977) 17

Waters, F.: *The Man Who Killed the Deer* 105
Whitehead, A. N. 49
Whyte, L. 37, 44, 45, 67
Williams, B. 85
Wood, J. K. 52, 107, 112, 114
workshops 15, 54-55
– comunicação durante o 63-64
– crianças 70, 85-86
– e "sabedoria do grupo" 53, 58, 113, 114, 119
– escolha de valores 61-62, 118-119
– extensão dos 52-53
– funções da equipe nos 55-57, 112-114
– internacionais 55-56
– – Ashland, Oregon 24
– – Brasil (ciclos) 17, 19-21, 24, 55, 107-115, 118, 119
– – Espanha 55, 60, 66
– – Inglaterra 55
– – Itália (próximo a Roma) 31
– – Japão 55
– – Long Island 31
– – México 55
– – Paris 31
– – Pawling, New York 31
– – Polônia 31, 32-33
– – Princeton 31-32, 33
– – Venezuela 31, 55
– processo de tomada de decisão 62-63, 111, 119
– processo grupal 19-20, 32, 109-114, 118-120
– *ver também* centro de estudos da pessoa; abordagem centrada na pessoa
World Future Society 124

Zen 48, *ver também* pensamento oriental